El método REZIA®

El método REZIA®

Transforma tu idea en dinero

AITOR ZÁRATE

EDICIONES DEUSTO

Deusto es un sello editorial de Centro de Libros PAPF, SLU.
Av. Diagonal, 662-664
08034 Barcelona
www.planetadelibros.com

Diseño de la colección: Sylvia Sans Bassat

Primera edición: marzo de 2024
Depósito legal: B. 1.633-2024
ISBN: 978-84-234-3693-4
Composición: Realización Planeta
Impresión y encuadernación: CPI Black Print
Printed in Spain - Impreso en España

PEFC
PEFC/14-38-00305
PEFC Certificado
Este libro procede de bosques gestionados de forma sostenible
www.pefc.es

A la familia Zárate. Sobre todo a Guadalupe y José
(mis padres), que al decidir mezclarse
imprimieron el inconfundible «carácter Zárate»
del que todos los miembros somos partícipes.

Sumario

Introducción

Me llamo Aitor Zárate. Presta atención a lo que cuento porque elijo las palabras cuidadosamente, y no las repetiré otra vez. Te he dicho mi nombre, soy el quién. El dónde lo elegirás tú. El qué es fácil, hace poco ideé, y puse en marcha, el método para transformar una idea en dinero, eso incluye el cuándo. Y el porqué, aparte de la motivación económica, es así de simple: ¡porque puedo! Lo cual nos deja sólo el cómo, y... ¡he ahí la cuestión!, como diría Shakespeare.

¿Qué ganas leyendo este libro?

> No es por no ir, si hay que ir se va. Pero ir «pa ná» es tontería.
>
> CRUZ Y RAYA

Antes de comenzar con la «chicha», y para que nadie me venga más adelante con que *si la abuela fuma*, quiero decirte exactamente (quizás me quede corto) qué ganarás leyendo este libro.

1. Transformar una idea en dinero (neto)

Voy a explicar mi manera de emprender, lo que sé que funciona y he usado, y mejorado, a lo largo de mis treinta y ocho años de emprendedor, en los que he conseguido todo lo que me he propuesto.

2. Leer la historia en primera persona del singular

Por dos motivos:

1. Me resulta más cómodo, ya que sólo tengo que contar mi experiencia.
2. Para que nadie sienta la tentación de sentirse aludido, ya que no pretendo dar ningún consejo a nadie, nunca los doy salvo que me los pidan. Si alguien se siente aludido es exclusivamente problema suyo. ¡Que ya somos mayorcitos!

Nota antes de empezar

No voy a darte ningún consejo, pero sí a pedirte un único y pequeño favor: que mientras estés leyendo te pongas en mi lugar e imagines que eres tú quien lo está escribiendo. Así no te resultará tan raro y chocante que esté escrito en primera persona del singular. ¿De acuerdo? Es sencillo, quizás incómodo, pero estoy seguro de que resultará muy interesante.

A partir de aquí, los conceptos relativos a emprender, ganar dinero y vivir una vida que merezca la pena son como las lentejas: «Si quieres las tomas, y si no las dejas». Lee y decide con qué quedarte; y lo que no te sirva, ¡a la basura!

3. Contestar las cuatro preguntas vitales para emprender

A medida que lo haga las iré escribiendo en un papel que meteré en un sobre y no abriré hasta el día límite que me marqué para haber conseguido mi objetivo. ¡Sí! Sé que me estoy adelantando: pero ahí queda la idea.

Las cuatro preguntas son:

- ¿Quién es el actor de la «película»?
  Soy yo. Y estoy preparado física y mentalmente para acometer el reto.
- ¿Qué quiero conseguir?
  Tengo un objetivo que definiré en breve de manera precisa.
- ¿Para qué quiero hacerlo?
  Aparte de para ganar dinero, debo escribir mis razones concretas (sean las que sean) por las cuales quiero recorrer este duro y excitante camino hacia mi objetivo.

- ¿Cómo lo voy a conseguir?
  Utilizando «El método REZIA®».

4. Saber que la venta es importante, y ¡lo último!

El comprador tiene el poder, y el beneficio de cualquier operación comercial se produce (aunque la mayoría no lo sepa) en el momento mismo de la compra: cuando compras un coche, una casa (vivienda habitual o vacacional), unas acciones (cotizadas en algún mercado organizado, o no), ropa de moda o no, un curso de *trading* por internet de un «tipo» que te promete que en siete días serás capaz de operar y ganar dinero (de lo que ¡me descojono!, y recuerdo a Einstein cuando decía que la estupidez humana no conoce límites), oro, al pagar 100 euros al mes por una membresía de escritura persuasiva con la que un «gurú» intenta convencerte de que será la panacea para vender (el llamado *copy*), al invertir en un «patético» plan de pensiones o de jubilación, al comprar un billete de avión, al pagar la cuenta de un restaurante o al intentar invertir en el traspaso de un bar.

¡Sí! Es en el momento de la compra cuando sé si obtendré un beneficio o no.

La venta es un paso importante para «transformar una idea en dinero», pero NO es el más importante, como venden a muchos incautos y confiados emprendedores los que yo llamo los «vendehúmos del embudo», que coexisten en internet y cuyo argumento estrella es que «el vender» es la parte más importante de un negocio y la puerta para ser rico, independientemente de qué producto o servicio se venda, argumento completamente falso y un engaño en toda regla. Ahora, también digo, que la «culpa» (casi) nunca es del «vendehúmos», ya que si he dicho que el comprador siempre tiene el poder, y en el caso de que el vendedor «se la meta doblada», ¡la culpa siempre será del comprador! Por estar la mayoría de las veces «empanao», ansioso, sin saber contenerse y sin ser capaz de planificar convenientemente la negociación de la compraventa.

¡Joder! Si el beneficio se hace en el momento de la compra, el comprador tiene la obligación de diseñar una buena estrategia para obtener el máximo posible. Y si no lo hace, por la razón que sea, y se deja engañar por el vendedor (que no está haciendo más que lo que debe), es que es ¡tonto de baba! ¡Por favor!

Doy por aprendidas las dos siguientes ideas: 1. el poder siempre lo tiene el comprador, y 2. el beneficio, o la pérdida, de una operación comercial siempre se crea en el momento de comprar, no en el de vender: *¡Comprador! ¡Nos tenemos que poner las pilas!*

Al inicio, cuando se es un principiante, se debe tener mucho cuidado de no caer en engaños ni cometer errores creyendo en ideas equivocadas que me harán perder mucho tiempo, dinero y energía. Bajo ningún concepto compraré algo a un «vendehúmos del embudo», ni a nadie, que no haya demostrado vender nada de provecho en su pasado. Porque vender mierda no cuenta.

La mayoría de las ideas no funcionan, y hay muy pocas que sean eficientes y de las que merezca la pena ocuparse. Así pues, es vital discernir cuáles tienen posibilidades y obviar el resto, acción que siempre me ha provocado gran placer.

5. Saber que el conocimiento sin acción no sirve para nada

Lo aprendí hace muchos años, y prometo que no voy a parar de moverme.

La vida se mueve, el dinero también, ambos están en las calles, y hay que salir a buscarlos. El éxito se consigue haciendo, sintiendo y estando siempre en movimiento. ¡Que es lo que vamos a hacer aquí!

6. Vivir exclusivamente del «sí» y de lo que funciona

En mi vida no hay cabida para el NO, que es absolutamente estático.

El sí es movimiento, y yo siempre me muevo.

En mi vida hay cabida para las soluciones, no para los problemas.

7. Grabar en la mente que el fracaso no existe

Sólo existe si me paro. Si no me paro, tarde o temprano me toparé de bruces con el éxito. Entonces, ¿por qué me voy a parar? ¡Nunca me paro!

8. Aprender que haciendo «experiencias de la hostia» nunca volveré a trabajar

Tengo que buscarlas, encontrarlas y repetirlas. Sólo hacer aquellas que me hagan sentir bien.

Concepto básico a grabar en la mente de alguien que quiera transformarse en un individuo emprendedor REZIA®: «Todo lo que no sea eficiente, o no sirva para mi propósito, se tira a la basura». ¡Más simple que el mecanismo de un botijo! Sinceramente, no sé por qué usamos este dicho, cuando el botijo es una auténtica obra maestra del diseño y de la eficiencia.

Además, si inviertes tu tiempo en leer este libro ganarás el perfecto conocimiento sobre el método y la filosofía de vida que me han llevado a ser un individuo emprendedor, a ganar dinero y a vivir de la mejor manera que existe, tomando mis propias decisiones, haciendo con mi tiempo lo que me dé la gana, y todo ello jugando como un niño a lo largo del camino.

Si conoces alguna manera mejor de vivir, te escucho.

¡Sigo!

¿Quién te ayuda a transformar una idea en dinero?

> ¿Qué te hizo aprender? Los muchos hijos y el poco tener.
>
> Guadalupe Apiñániz, mi madre

Ya te he dicho mi nombre, y voy a explicarte por qué he «regresado», y me siento (autorizado) a escribir este libro. Tras nueve años de ausencia, aquí estoy de nuevo con la firme intención de comunicar ideas potentes, interesantes y orgásmicas.

Hay un dicho que dice que «los osos hay que salir a cazarlos», y estoy de acuerdo. Para conseguir cazar a un oso hay que comenzar a caminar entre la «espesura» en busca de alguien que nunca te está esperando, tener hambre y talento de cazador.

Si cambio *cazar* por emprender, *cazador* por emprendedor, *caminar entre la espesura* por obstáculos que me encontraré, *oso* por objetivo/dinero, *hambre* por intención/voluntad y *talento* por el conocimiento necesario para emprender, ya tengo toda la historia «montada». Es decir, que ¡hay que mover el culo!

Vamos a comenzar un viaje chulo. Lo prometo. Y espero que estés preparado para acompañarme y emprender; es divertido, excitante, potente y nada sencillo. Si fuese fácil sería aburrido. Y no sé a ti pero a mí no me gusta nada aburrirme. Emprender es jugar, ganar dinero y divertirse. Si juego bien el dinero vendrá solo.

La vida puede parecer monótona pero nunca lo es. La vida es como yo quiera que sea, yo soy capaz de hacerla excitante y divertida, o un truño infumable.

Hay muchos que piensan que sobra tiempo para fracasar, y otros, que el tiempo para el éxito es escaso. Y ambos tienen razón. Aquí sólo vamos a encontrar el éxito. ¡Como lo oyes!

El éxito y la monotonía en la vida dependen siempre de

un «quién» concreto, nunca ficticio; y como el quién soy yo, ¡nada de monotonía! ¡Vamos a por todas!

La vida es movimiento y siempre va hacia delante, y quien pretenda emprender el camino hacia el éxito debe tener claro que las oportunidades de alcanzarlo no son frecuentes, y a la vez, siempre están ahí, en el movimiento.

Y además es imposible alcanzar nada que merezca la pena, y menos el éxito, si no estoy dispuesto a cambiar mi forma de pensar y amar la incertidumbre. El éxito hay que desearlo con tranquilidad, sin avaricia, con desapego al resultado y sin pensar en el dinero. Para emprender es necesario saber cuatro cosas muy básicas: el «quién», el «qué», el «para qué» y el «cómo». Y cuando en mi soledad tome la decisión de dar el primer paso hacia mi objetivo, ¡que sin duda conseguiré!, tendré que haber comprendido e intuido (desde hoy voy a usar la intuición de manera habitual) el camino que me dispongo a recorrer y del que no me separaré bajo ningún concepto. Es decir, cuando llegue el momento en el que me comprometa conmigo mismo, y con el objetivo que hoy voy a marcar (cada uno tendrá el suyo), bajo ningún concepto daré un paso atrás. ¡Que quede claro!

La mente no entiende lo complejo y soy un tipo simple, que «troceará» hasta hacer entendible cualquier cuestión compleja que se encuentre en el camino, con la idea de acometerla con simplicidad.

Hoy y aquí, no tengo excusa para no «ponerme las pilas», aprender todo lo que me «toque» y dar el primer paso para emprender, ganar dinero y comenzar una vida excitante.

¿Por qué decidí regresar de mi retiro «dorado»?

La cabra siempre tira al monte

Soy Capricornio, me gusta la marcha y sé hacer lo que sé hacer. Para 2014 (año de mi retiro voluntario), ya había conseguido todos los objetivos que me había marcado, me aburría y vivía cómodo, excesivamente diría yo, lo que provocó que mis aptitudes y talentos se llenasen de telarañas y acabase «hasta el gorro» de tanta inactividad mental.

Sé que primero se explica algo y luego se pone un ejemplo, pero como soy de «llevar la contraria» por sistema, voy a explicar brevemente mi parábola favorita de la Biblia que mi madre utilizaba para intentar convencerme de que la acompañase a misa.

La parábola de los talentos

Es la historia de un hombre que, al ausentarse, llamó a sus siervos y les encomendó su hacienda: a uno dio cinco talentos, a otro dos y a otro uno, a cada cual según su capacidad, y se ausentó. Enseguida, el que había recibido cinco talentos se puso a negociar con ellos y ganó otros cinco. El que había recibido dos ganó otros dos. En cambio, el que había recibido uno cavó un hoyo en la tierra y escondió el dinero del señor. Al cabo de un tiempo, volvió el señor de aquellos siervos y se puso a ajustar cuentas con ellos. Se llegó el que había recibido cinco talentos y presentó otros cinco, diciendo: «Señor, cinco talentos me entregaste, aquí tienes otros cinco que he ganado». Su señor le dijo: «Bien, siervo bueno y fiel. Ya que has sido fiel en lo poco, voy a ponerte al frente de mucho. Entra en el gozo de tu señor». Se llegó también el de los dos talentos y dijo: «Señor, dos talentos me entregaste; aquí tienes otros dos que he ganado». Su señor le dijo: «Bien, siervo bueno y fiel; ya que has sido fiel en lo poco, voy a ponerte al frente de mucho. Entra en el gozo de tu señor». Se llegó también el que había recibido un talento y dijo: «Señor, sé que eres un hombre duro, que cosechas donde no sembraste y recoges donde no esparciste. Por eso, me dio miedo y fui a esconder bajo tierra tu talento. Mira, aquí tienes lo que es tuyo». Mas su señor le respondió: «¡Siervo malo y perezoso! Si sabías que cosecho donde no sembré y recojo donde no esparcí, debías haber entregado mi dinero a los banqueros. De ese modo, al volver yo, habría cobrado lo mío con los intereses. Quitadle, por lo tanto, el talento y dádselo al que tiene los diez talentos. Porque a todo el que tiene se le dará y le sobrará, pero al que no tiene, se le quitará hasta lo que tiene. Y a ese siervo inútil, echadle a las tinieblas de fuera. Allí será el llanto y el rechinar de dientes».

Esta parábola compara las monedas con los talentos que Dios presuntamente nos ha dado, dejándonos la enseñanza de que estos talentos deben de ser bien utilizados para así poder obtener ganancias. La parábola de los talentos nos pretende enseñar que Dios nos ha puesto en la tierra con un propósito: crecer, desarrollarnos y conseguir frutos; pero para ello, y para alcanzar los objetivos, nos ha dado una serie de talentos que deben ser desarrollados. Es «trabajo» del ser humano el descubrir cuáles son para luego utilizarlos y mejorarlos. Dios «premia» a quienes han sabido utilizar los talentos de forma adecuada, no así al que simplemente no hace nada.

Esta parábola es sólo eso, una parábola, pero siempre me ha motivado para impulsarme a utilizar todas mis capacidades y talentos, y mejorar en mi vida. Sólo por eso ya merece la pena. Es una historia que hace que me sienta en la obligación de desarrollar mis habilidades con el objetivo de poder encontrar una respuesta positiva y fructífera, es un buen medio de motivación para dejar a un lado la pereza, el miedo, la inactividad, la cobardía y la negatividad, y para lograr más y mejores resultados en la vida. A mí siempre me ha «puesto» esforzarme para descubrir cómo aplicar mi verdadero potencial.

Mis razones para volver a la carretera en 2022

Fundamentalmente son tres:

1. Hacer lo correcto no se negocia

Me paré en 2014, y pensaba quedarme ahí. Pasó el tiempo y «me hicieron» darme cuenta de que había escogido mal el camino, me había equivocado una vez más y me estaba muriendo en vida, pero... «pequeño saltamontes», ¡todavía no estoy «pidiendo pista»!

Me convencieron de que aún me quedan muchas experiencias interesantes por vivir y mucho conocimiento que transmitir. Y así, y como reza la canción *Born to run* de mi admirado Bruce Springsteen: «Vagabundos como nosotros hemos nacido para correr». Escuché la canción, absorto en el estribillo y con la mirada perdida, y no pudiendo soportar más el estado de comodidad y letargo, me levanté, e igual que Forrest Gump, comencé a correr sintiendo que estaba haciendo lo correcto.

2. La eficiencia es una prioridad en mi vida

Y como en la parábola, «enterrar los talentos» es ineficiente, el retirarme de la vida activa también lo fue, y hoy ya no es una opción.

Y la razón fundamental es que...

3. Nunca he sido egoísta

Y no podía «quedarme para mí solo» todo mi conocimiento y experiencia acumulados durante tantos años, sobre el mundo del dinero, los impuestos, la comunicación, la negociación y el emprendimiento en general.

Éstas son las razones por las que he decidido empezar de nuevo de cero y «volver a la carretera», con la firme intención y hasta las últimas consecuencias de COMPARTIR y ENSEÑAR mi manera de emprender, ganar dinero y vivir una vida apasionante en la que sea únicamente yo quien tome las decisiones.

Por todo ello, y usando todos mis talentos, he decidido darme una oportunidad y proyectarme hacia el futuro sin apoyarme en mi pasado (cosa que no ha resultado nada fácil).

¡«Palante»!

¿Por qué me siento (autorizado) a escribir este libro?

> Si quieres emprender, emula a quien haya conseguido, ¡de verdad!, lo que tú deseas.

Si no tengo credibilidad no tengo chanclas, y la playa está llena de conchas y guijarros. Aunque la mayoría de la gente no se toma el tiempo de reflexión necesario para hacer un juicio de valor sobre el prójimo, y estamos rodeados de personas que critican a todo quisqui de manera injustificada, es cierto que la credibilidad es vital para convencer, porque tenerla implica que en el pasado realmente he hecho lo que digo. ¡Y ahí está la clave!

Para tener una credibilidad «a prueba de balas» se debe tener una experiencia contrastada en haber hecho realmente en el pasado lo que dices que has hecho, para poder así argumentar con sentido. Y ya que tengo la maravillosa oportunidad de tener el «púlpito» que me otorga este libro (¡Gracias a Roger Domingo!), aprovecho para decir que sí, que me siento autorizado para hablar del tema «Transformar una idea en dinero (neto)», al que he dedicado toda mi vida, sin creer nunca a alguien que hable de algo como si fuese un experto, o me esté intentando vender algo y que al espetarle «¡Enséñame la vida!» no sea capaz de demostrarme de manera precisa qué es lo que ha hecho realmente que sustente y me haga confiar en todo lo que dice. Hay una gran diferencia entre alguien que *ha hecho lo que dice* y alguien que *dice que lo ha hecho*. Y por ello me conviene saber discernirlo para tener claro con quién modelarme, a quién «seguir» en mi camino hacia el éxito, a quién pagar, o no, por una membresía que me enseñe algo de verdadero «valor», o tener la posibilidad de hacer una mentoría con un millonario que haya conseguido DE VERDAD aquello que yo quiero (oportunidad que tuve en mis inicios, y que ahora yo ofrezco).

Si quiero seguir a alguien, tengo que estar seguro de que REALMENTE tiene la capacidad (las palabras solamente no cuentan) de poder aportarme algo y ha hecho en su pasado lo que dice.

Y quiero dejar clara una idea: si dices que «no» a alguna, o a todas, de esas ofertas, te equivocarás menos que si dices que «sí». ¿Y a qué es debido?

Porque de toda la oferta que existe en el mercado para elegir, hay MUY POCOS (contados con los dedos de una mano) que realmente hayan logrado lo que dicen que han logrado. Y pongo un ejemplo simple, real y que vi el otro día en el mercado de internet. Yo, que de inversiones y *trading* creo que algo sé, nunca creería a alguien que me intenta vender un curso de *trading* del que me promete que me hará operar y ganar dinero desde cualquier cantidad, en una semana. Es obvio que ¡es una mentira y una falsedad de la hostia! Nadie, absolutamente nadie, es capaz de operar en una semana, y mucho menos ganar dinero. Y por supuesto, tampoco hay nadie que sea capaz de enseñarlo y hacer que el cliente lo consiga. Es algo tan claro como que el sol sale todos los días por el este, y no puedo llegar a entender que haya algún ser humano que se pueda «tragar» esa boñiga de caballo. Y lo que hace este caso todavía más sangrante es que el vendedor se está forrando mientras los alumnos «ni la huelen». ¿Es culpa del vendedor? Taxativamente no. Toda la responsabilidad es del comprador. Así que, cuando vaya a comprar algo, repito: ¡Siempre que vaya a comprar algo!, es mi obligación valorar todas estas cuestiones y trazar una clara estrategia de compra, ya que si no lo hago y caigo en una de estas redes la culpa será exclusivamente mía.

La credibilidad es la puerta de la confianza, para hablar de algo hay que saber, o haberlo hecho. Parece obvio pero hoy en día, como hemos visto, no lo es tanto.

No pretendo ser vanidoso y me siento autorizado a escribir este libro porque he emprendido multitud de proyectos durante los últimos treinta y ocho años con una ratio de éxito superior al 95 por ciento. Por ello, ésa es la razón por la que he decidido compartir todo lo que sé, sin mordazas, y empezando por este libro (habrá mucho más).

Soy un emprendedor nato, que como he dicho antes decidí retirarme en 2014 y hasta 2022, momento en el que Eriz Zárate (mi sobrino, y socio en todos mis proyectos), persona inteligente y persistente donde las haya, comenzó a incitarme (y no soy fácil de incitar) con la intención de que emprendiésemos un proyecto juntos.

> —Tío, quiero que hagamos lo siguiente: 1. Unir tu experiencia en el mundo del emprendimiento, las finanzas, los impuestos y la comunicación con mi conocimiento en el mundo de la tecnología y el desarrollo de proyectos. Y 2. ¿Por qué no escribes un libro explicando tu «peculiar» estilo de emprender para que llegue al mayor número de personas?

—¡Pero qué dices! —le dije sin ninguna intención de dejar mi cómodo retiro, y mucho menos de escribir un libro (mi último databa de 2011).

Pero sin darse por vencido, volvió a la carga y sentenció.

—Sinceramente no conozco a nadie que haya creado tantos proyectos y los haya llevado a buen término como tú. Así que, quizás, deberías «darle una vuelta» a la idea.

Y ahí me dejó «tocado» y con el veneno inoculado en mi cuerpo que desde ese día no me dejó dormir. Eriz había conseguido «despertar a la bestia» emprendedora que habita en mí, y acepté. Así comenzaron nuestras «maratonianas» sesiones de tormenta de ideas que dieron como resultado la creación de nuestro proyecto matriz REZIA® y el libro que tienes en tus manos. Sin duda alguna, Eriz Zárate fue el catalizador que consiguió hacerme salir de mi estado de comodidad y ponerme otra vez «en el candelero». ¡Gracias, Eriz!

La idea principal con la que nació REZIA® fue *Crear y vender*, que no *crear «para» vender* (concepto con el que no comulgo en absoluto).

Mi filosofía de venta (de la que hablaré largo y tendido más adelante) siempre ha sido: *No vendo. Me compran.* Y aprovecho para decir que no puedo estar más en desacuerdo con la corriente mayoritaria existente en la actualidad en el mundo del emprendimiento en internet que reza que *lo importante es vender, independientemente del qué.* ¡Menuda tontería!

Sigamos con el sobrino y el tío.

¡Y dicho y hecho! Tras muchas discusiones y diseños empresariales, el 8 de marzo de 2023 nació REZIA®, que hoy en día ha desarrollado los siguientes proyectos:

- monna®: algoritmo para invertir en el arbitraje de criptomonedas.
- planify®: buscador y organizador de viajes personalizados.
- check the fake®: detector de noticias falsas.
- crack.global®: dedicada a solucionar problemas relacionados con el dinero y los impuestos, diseños para emprendedores, negociaciones por cuenta de terceros y representación de personajes públicos.
- brusy®: venta de cepillos de dientes y pasta dental.
- girodron®: venta de drones-boomerang.
- thestyle.is®: donde se ubica THIS!, nuestro club de emprendedores cuyos miembros están interesados en la manera de emprender expresada en este libro, e interactúan y conectan en los eventos on/off line (siempre en directo, nunca enlatados), sobre emprendimiento y ganar dinero.
- simpleks.ink®: proyecto creador del sistema de inversión El Bucle para «ganar dinero durmiendo».

Y hasta aquí (escribo en agosto de 2023), los proyectos que están funcionando en la actualidad (todos creados siguiendo los principios que voy a compartir en este libro), que no te digo yo que, teniendo en cuenta la forma de ser de «tío y sobrino», y para cuando este libro esté en tus manos, no haya aumentado la lista de proyectos con pasmosa facilidad.

¡Empecemos por donde se debe!

¿Por qué voy a hacerlo?

Ya he dicho al inicio que, aparte de la motivación económica, ¡porque puedo!

Y además porque quisiera que te convirtieses, si te place, en un individuo emprendedor REZIA®, que es como me he tomado la libertad de llamar a quien emprenda con el estilo que voy a compartir, y que con absoluto *focus* persigue la mejor manera de transformar una idea en dinero (neto) con la firme intención de vivir una vida excitante.

Si no ofreces el paraíso, jamás tendrás seguidores

Un emprendedor REZIA® es único, una «marca personal» en sí y está en conexión.

Es único

Haga lo que haga, y siempre coherente con quien es.

En una sociedad transparente como la actual, le es imposible fingir ser alguien que no es, cosa que le repatea y es superior a sus fuerzas. Es un individuo y el «arquitecto» de sus éxitos, plenamente consciente de que los ganadores serán quienes generen ideas sin capital, y los perdedores los capitalistas sin ideas.

Hoy más que nunca, el talento mueve el capital, y necesitamos *Focus! Focus! Focus!*

Es una marca personal

Abandona las «empresas» que no valoran su talento para emprender y autoemplearse. De hecho, es lo que hice cuando abandoné el baloncesto profesional a la temprana edad de 27 años (debuté con 17 años en el profesionalismo) para emprender y ser mi propio jefe, cosa que he sido desde entonces y ganando 20 veces más. ¡SÍ! Necesité invertir en mí, ¿en quién si no? , alejándome de la cómoda seguridad, actualizando mis conocimientos para que me fuesen útiles en los emprendimientos que estaban por llegar, darme a conocer y triunfar.

Pero el conocimiento por sí solo no es suficiente. Hay que llamar la atención del mercado (creando una marca personal), teniendo claro que atraer no sólo depende del contenido sino también de la forma. Por ello creé mi marca personal, la empaqueté con un lazo, me convertí en alguien excitante y absolutamente *enganchivo* (palabra que me inventé hace años, que no aparece en el diccionario de la RAE, pero que me encanta y uso).

Para ir pensando en los ratos libres: *¿con qué eslogan me daría a conocer y me «vendería»?*

Y está en conexión

Que no es lo mismo que «estar conectado».

Nadie ha logrado nada estando aislado y estoy listo para «mezclarme».

Puedo ser la persona más inteligente del mundo pero si nadie lo sabe es como si no existiese.

Hoy en día, el poder y la competitividad individual son el resultado de «qué es lo que sé» multiplicado por «a quién conozco o tengo acceso».

Hoy más que nunca, al fluir el talento y el capital con tanta libertad y facilidad, necesito «compañeros de viaje» que piensen como yo y me dejen desarrollar completamente mi individualidad.

Considero que hoy en día es (casi) imposible no triunfar y que el fracaso sólo existe si me paro. Pensé mucho en todo ello para ser capaz de comprenderlo y asumirlo, ya que si algo me chirría no soy capaz de dar el primer paso. En su día lo comprendí, lo asumí y comencé a dar pasos.

Uno de los mejores consejos que me dieron hace treinta y siete años y que siempre ha venido conmigo es: «Aitor, haz siempre algo que te apasione, que haga que te levantes cada mañana de un salto y que encaje con tu forma de pensar y de ser, si lo haces, serás rico, no trabajarás nunca y harás lo que te plazca con tu tiempo». Siempre lo he atendido, perseguido, conseguido, e intento repetirlo todos los días de mi vida. Trabajar es el pasado. No hacerlo, y dedicar el tiempo a «experiencias de la hostia», es el futuro. Pero ¡basta de cháchara!

A pesar de las buenas intenciones de los libros (incluido éste), no pueden dar recetas para (casi) nada. Cada persona conseguirá su objetivo basándose en su propio esfuerzo y creatividad. Pero lo que un libro sí puede, y éste va a intentarlo hasta la extenuación, es compartir con quien esté realmente interesado en mi vasta experiencia sobre qué hago, y cómo, para emprender, ganar dinero y conseguir cualquier objetivo que me marque.

¿Tengo tu atención? ¡Seguro que sí!

¡Vamos a entrenar! y mancharnos los morros como los niños cuando comen una tarta de chocolate. Si eres de los que no te gusta «mancharte», cierra el libro: ¡Anda!

¿Cómo voy a ayudarte a conseguirlo?

Con experiencias «de la hostia»

Es aquella a la que me enfrento y me ofrece al menos una oportunidad de ganar, en la que me concentro y tengo una meta clara que me retroalimenta de modo inmediato, con la que actúo sin esfuerzo, con total involucración, y me aleja de las preocupaciones de mi vida, que resulta una experiencia agradable y me provoca una sensación de control sobre cada acción que realizo, que hace desaparecer la preocupación sobre mi personalidad y la fortalece tras realizarla, que altera mi percepción del tiempo y hace que las horas pasen sin darme cuenta.

¡Eso es una experiencia «de la hostia»!

*Nota sobre la que pensar: el sexo no reúne las características para serlo.

La combinación de los citados elementos ocasiona un sentimiento profundo de disfrute que me recompensa en todo, haciéndome sentir profundamente útil.

Este tipo de experiencias son las que debo perseguir en mi camino de emprendimiento, aunque no resulte sencillo, es mi obligación buscarlas en cada acción, y una vez que las encuentre, repetirlas tantas veces como me sea posible.

Quiero dejar claro, dándole el énfasis que se merece, que el hecho de emprender (conseguir el éxito personal), nunca depende de los acontecimientos externos, ni del azar ni de la suerte. El individuo (yo) debe aprender que para conseguir el objetivo ha de independizarse (sobre todo mentalmente) del entorno y dejar de prestar atención a las normas sociales de manipulación y control consistentes en la estrategia del «premio/castigo». Yo hago las cosas por mí mismo y para mí, y no necesito, ni quiero, ningún premio de nadie ni mucho menos un castigo.

Es cierto, y no hay otra manera, que para conseguir el objetivo hay que recorrer un duro y gratificante camino. Y por ello sé que la mayoría sigue y seguirá intentando la vía del atajo para llegar a la meta. Y lo único que puedo decirles a todos ellos (es mi obligación) es que es una *mu mala* decisión, y que la tragedia «se masca» a la vuelta de la esquina.

Como me dijo una vez, cuando yo contaba 19 años, Pepe Laso (padre de mi amigo Pablo Laso, grandísimo jugador y entrenador de baloncesto): «¡Chaval! Tiene que haber tontos en el mundo para que los listos podamos vivir».

¡Sobran los comentarios! Brillante frase que en su día no comprendí y hoy sí.

El emprendimiento y el éxito personal son algo que debo preparar, cultivar y defender individualmente. Si aprendo a controlar mi experiencia interna seré capaz de hacerlo con mi vida, y eso es lo más cerca que estaré del éxito.

No debo aspirar al éxito porque sí, por eso es tan importante a la hora de emprender y marcarme el objetivo saber el «para qué» voy iniciar un camino tan pedregoso y alucinante, ya que cuanto más aspire a él, y más se convierta en un fin, con mayor probabilidad lo perderé. Y aquí me toca, por primera vez, decir una frase de incalculable valor que sigo a rajatabla: *Siempre que hago algo, lo hago con desapego al resultado.*

Lo que viene a decir que debo concentrarme en el camino, sin perder nunca de vista el objetivo, sin preocuparme y sin pensar en cuestiones del tipo «¿y si no lo consigo...?». ¡Todo se puede conseguir! Sólo es cuestión de tiempo.

Sé dónde quiero llegar, doy el primer paso (y luego todos los demás), y en el camino, simplemente camino. Si pierdo, pierdo. No importa, vuelvo a empezar. Si no me paro, y yo nunca me paro, sé sin duda que llegaré a donde quiera. ¿Ha quedado claro? ¡Sigo!

El éxito no puede conseguirse, debe seguirse; «como si» fuese algo secundario en mi vida (que obviamente no es), o incluso algo mayor que yo mismo. Debo centrarme en el camino más que en el objetivo en sí.

Muchas veces he sentido que tenía el control total de mis acciones siendo el dueño de mi propio destino. En esas raras ocasiones he sentido un placer indescriptible y una gran alegría, ansiada durante mucho tiempo, y que mantengo viva en mi recuerdo sobre cómo quiero que sea mi vida. A esto llamo yo una «experiencia de la hostia». Son momentos siempre en movimiento (nunca pasivos) en los que mi cuerpo y mente llegan hasta su límite, en un esfuerzo voluntario por conseguir algún complicado reto que merezca la pena, que suceden siempre al margen de la influencia externa y refuerzan mi creencia de que todo lo bueno que quiera conseguir depende y está en mi interior, nunca en el exterior. Este tipo de experiencia es el estado en el que me encuentro cuando estoy realizando una actividad que impide que nada ni nadie pueda separarme de ella. Es tan placentera que la hago incluso aunque tenga un coste (material o inmaterial), por el mero hecho de hacerla.

El ser capaz de entrar en este «estado» tiene una relación directa con el hecho de emprender, ya que para ganar dinero emprendiendo debo encontrar «esa» actividad, si no, todo va a resultar muy complicado. Si mi actividad me provoca esa sensación positiva, sé sin duda que lo conseguiré. Es algo de una simplicidad aplastante pero que muchos no quieren entender, o no alcanzan a hacerlo.

Tener el control en la vida nunca es fácil, pero merece la pena sentir el grado de maestría que se consigue haciendo mis actividades preferidas, a las que sin duda debo dedicar el escaso tiempo que tenga, y no estoy en esta vida para perder el tiempo ni para pasarlo mal.

Como todas las aventuras que merecen la pena, ésta no será fácil, ya que sin un poco de esfuerzo intelectual y físico, sin un compromiso de reflexionar y pensar críticamente acerca de la propia experiencia, no ganaré casi nada con lo que viene a continuación. Lo que quiere decir que ¡me tengo que «poner las pilas»!

En estas líneas, en una pocas horas, espero, voy a compartir contigo exactamente cómo hago las cosas para transformar cualquier idea en dinero (neto).

¡Empecemos!

Todo lo que soy y hago es una información codificada

dentro de mi mente, y lo que he sido es producto de haber usado parte de esa información en el pasado.

Si cuando termine este libro quiero conseguir objetivos diferentes a los conseguidos hasta ahora, es obvio que tendré que introducir, y asimilar, una información nueva y distinta, usando alguna de la que está en mi interior y nunca he usado. Es decir, necesito un *Transforming* (casi) integral de mi cerebro (consciente e inconsciente).

Nota: como un buen actor de «método», cambiaré mi «rol» cada vez que inicie un proyecto, ya que no tiene nada que ver: ser dueño de una funeraria, vender coches usados, especular con criptomonedas, ser un «vendehúmos del embudo», crear *copys* de escritura persuasiva o dar cursos de punto de cruz. ¡Son «roles» diferentes!

Frase axiomática: me crearé una marca personal nueva (con su correspondiente «rol») para cada proyecto. Si sólo hago un proyecto sólo tendré una marca. ¡Es de cajón de madera de pino!

¡Sigo!

Mi eficiencia mental máxima sucede cuando uso mi atención para conseguir metas realistas, y cuando mis habilidades encajan con las oportunidades que se me presentan. La búsqueda de un objetivo trae orden a mi mente, porque me exige una suma de atención y concentración (*focus*) en cada acción que esté llevando a cabo y hace que me olvide momentáneamente de todo lo demás. Básicamente lo que me decía mi madre durante la adolescencia, y no sin razón: «Hay que estar en lo que se está».

Estos períodos de lucha para superar desafíos son los mejores momentos de mi vida, y creo que esta manera de pensar ha sido clave en mi manera de emprender, ya que cuando aprendo a controlar el *focus* y adiestro mis habilidades con la intención de afrontar desafíos superiores, el convertirme en un individuo extraordinario es cuestión de tiempo.

La riqueza, el poder y el sexo son los objetivos principales que mueven los esfuerzos de un ser humano, pero la calidad de vida no puede mejorarse sólo con «esos mimbres». Sólo el control de mi experiencia y la habilidad para encontrar alegría en todo lo que hago es lo que hará que supere los obstáculos en el camino hacia el objetivo. Para ello es inevitable cambiar el modo de pensar.

El dominar el exterior supone mi supervivencia física pero no va a añadir nada al hecho de que me sienta realizado como individuo.

Dicho de otra manera: *Sí o sí, debo perseguir las experiencias «de la hostia».*

1

Empezando por el principio

Pasito a pasito, pasazo a pasazo, como un enanito, como un gigantazo

Cuando era niño, en mi casa había un disco de vinilo que contenía una canción titulada *Pasito a pasito* (que mi hermana y yo escuchamos ni sé las veces), y cuyo estribillo era la frase con la que comienza el presente capítulo. Y eso tan simple es precisamente lo que debo hacer para ir desde un punto de partida hasta un objetivo cualquiera: camino despacio, luego rápido, lento de nuevo, me paro, cambio de ritmo, me paro otra vez, comienzo a correr; hoy nadie me ve, mañana todos me ven: ¡improviso y me adapto al entorno!

Que nadie piense que va a convertirse en millonario en dos días. Antes de poder correr, siempre hay que aprender a andar, y para ser rico se debe empezar por aprender a «transformar cualquier simple idea en dinero», y estar dispuesto a hacer un cambio radical mediante el *Transforming*. Si no se es capaz de hacer estas dos cosas, ¿cómo va alguien a conseguir ningún objetivo medianamente simple, y menos ser millonario? ¿Es posible conseguirlo? ¡Por supuesto que sí! Pero hay que seguir unos pasos, no hay otra manera.

Millonario en dos días no, pero la buena noticia es que por muy largo, pedregoso y abrupto que sea el camino, siempre empezaré dando un primer paso, luego un segundo, luego otro y, si no me paro, llegaré allá donde quiera. ¡Simple y brutal!

Por ello, siempre que comienzo un proyecto me pongo frente al espejo y me digo en voz alta la siguiente frase: «El objetivo lo consigo seguro, lo que no sé es el tiempo que voy a tardar».

Sigo siendo un niño y sé que jugar es la mejor manera de aprender. Si te fijas, los que se han hecho mayores ya no juegan, se toman todo en serio, lo que resulta triste y aburrido. La vida es movimiento, alegría, incertidumbre y cambio. ¡Claro que hay momentos duros! Es normal. Lo fácil no es divertido ni interesante y, además, enseña poco.

¡Me encanta jugar!, y siempre que me dispongo a hacerlo voy acompañado de mis tres lemas favoritos:

1. La vida es tiempo, decisiones y dinero.
2. Las decisiones (casi) siempre son «carne o pescado».
3. ¡No me interesa!

Emprender es como cocinar. Si alguien no ha cocinado nunca, no puede pretender que a la primera intentona y simplemente mezclando los primeros ingredientes que se le ocurran vaya a conseguir un plato tipo «obra maestra». Lo más normal es que antes de cocinar algo medianamente decente tenga varios sonados fracasos. Ahora bien, si sigue una receta bien estructurada, y con un poco de técnica, quizás las primeras veces le salga un *churro*, pero tras varios intentos seguramente lo haga perfecto, y si no es así, quizás es que sea un «torpe», y tampoco pasa nada. Llevo cocinando (casi) los mismos años que emprendiendo, así que estoy en disposición de garantizar que para cuando termine el libro todos tendremos una «receta», que si se entrena y repite, nos permitirá llegar a algún objetivo realmente interesante. El conseguir algo es cuestión de conocimiento, repetición y tiempo. ¡No hay más!

¡Estoy listo para comenzar el camino dando el primer «pasito»!

2

El actor principal

¡Tienes un problema! Que te crees que eres Errol Flynn. Y lo que no sabes es que Errol Flynn soy yo.

Famosa frase de mi amigo «Chipi», de Bilbao

Todo lo que quiera conseguir depende única y exclusivamente de mí, idea que es vital asumir ya que si no lo hago buscaré, y encontraré, mil excusas para pararme una vez que haya comenzado a caminar. Y eso no es de recibo. Si decido emprender y comenzar el «viaje», ¡no me pararé bajo ningún concepto!

Yo soy el protagonista de la película y tengo en mi interior, o a mi alcance, todo lo necesario para conseguir cualquier objetivo, y conviene no olvidar los siguientes simples conceptos:

1. Todo lo que se hace realidad ha sido previamente imaginado.
2. Lo que no se imagina nunca ocurre.
3. Puedo conseguir todo aquello que imagine.

Y dicho lo cual, es cierto que queda mucho camino (largo, duro y excitante) por recorrer, pero ¡merecerá la pena!

Me llamo Aitor Zárate y soy un individuo emprendedor desde que tengo uso de razón, y como muestra de ello quisiera contar uno de mis primeros proyectos que recuerdo.

Contaba yo con 11 años y no se me ocurrió nada más brillante que escaparme de casa durante 48 horas (rebelde y rabiosa respuesta al hecho de la muerte de mi padre unos meses antes), y esconderme con una carabina y una botella de pacharán (vaya usted a saber por qué) en un garaje de propiedad familiar donde dos años más tarde «ofrecería» mi primer, y último, concierto de ukelele (de pago por supuesto) para algunos de mis amigos de entonces. Hoy en día, y de manera incomprensible, siguen siéndolo. ¿Era o no era emprendedor?

Por supuesto, no tenía ni idea de cómo se tocaba ese raro instrumento que había obtenido de una manera alegal en un comercio de no muy buena reputación. Ahora que lo pienso, fui un adelantado a mi tiempo al poner en práctica, y sin saberlo, uno de los mantras, con el que no comulgo en absoluto, que dice: «Céntrate en vender y en cómo vendes: lo que vendes es lo de menos».

Juro que lo hice usando mi intuición, y me avergüenzo profundamente de ello: de haber cobrado, quiero decir, no de haber dado un concierto sin saber tocar el ukelele ni de haber usado mi intuición, ya que no comulgo con cobrar por algo que no lo vale, y sí con «tirarme a la piscina» sin saber tocar el ukelele.

Sin duda, no sólo apuntaba maneras sino que además poseía algunos atributos de auténtico emprendedor que me han acompañado hasta hoy: rebelde (sin seguir jamás las directrices externas), arriesgado (siempre haciendo, sin pensar demasiado) y negociador (tenía facilidad para convencer usando la comunicación que, como veremos más adelante, es el arma más poderosa con la que cuenta el ser humano).

«Transformar una idea en dinero» (a poder ser neto) es la esencia de emprender, acción catalizadora hacia una vida interesante de verdad, en la que si hago lo que me gusta no volveré a trabajar nunca más.

Todo lo que me proponga hacer es cuestión de un estado mental. Si pienso y creo que soy una persona conservadora que prefiere trabajar por cuenta ajena, sin riesgo y conformándome con lo que venga, eso es lo máximo que tendré.

Por el contrario, si pienso que puedo emprender, ganar dinero y tener una vida excitante que merezca la pena, eso es exactamente lo que obtendré.

Simplemente es cuestión de decidir en mi mente qué es lo que quiero (¿carne o pescado?) y empezar a caminar «pasito a pasito» hasta llegar adonde quiero.

En la vida todo es un juego, y cuanto antes aprenda las reglas y me mentalice de que tengo que jugar (sí o sí), antes estaré en dirección a la victoria.

Emprender no es más que revivir las ganas infinitas de jugar de un niño, sabiendo que es la mejor forma de aprender para llegar a mi objetivo.

¿Por qué dicen que no puedo (una vez dejada la infancia) seguir jugando el resto de mi vida? ¿Por qué no es serio que un adulto juegue como un niño? ¿Quién lo dice? Yo tengo claro que seguiré jugando y emprendiendo hasta el final de mi vida, y estoy completamente seguro de que, como reza el dicho: «Debe de existir otra vida pero tiene que hacerse larga de cojones». Nunca olvido que soy el protagonista ni que sin mí no hay película. Voy a ver si, con un poco de suerte, encuentro mi punto de partida.

3

Un punto de partida cualquiera

La historia ha demostrado que un ser humano, incluso teniendo un aparente mal punto de partida, puede llegar allá donde firmemente se proponga

Si de verdad quiero ser un emprendedor libre (mezcla de aventurero y deportista profesional), debo firmar un pacto conmigo mismo que nunca pueda incumplir. Si no soy capaz de hacer algo tan simple, es mejor dejarlo desde ya, ahorrarme dinero, tiempo y energía, y prepararme para deambular por una vida triste y aburrida. Ser libre significa tener confianza para pensar, planear y hacer, sin más limitación que mi respeto al prójimo; significa que no hay lugar para quejas ni excusas, siendo consciente y responsable de mis actos, y quien decide qué rumbo tomará mi vida. La libertad potencia que mis éxitos y fracasos sean solamente míos. Obviamente el azar y la tradición también podrían tener parte de relevancia: un contacto inesperado, o un consejo, son situaciones que no me conviene rechazar pero sin permitir que me limiten. La orientación de mi vida es demasiado importante para dejarla en manos de cualquier «indocumentado». La decisión de empezar «de cero» se puede tomar en cualquier momento y a cualquier edad, pero por encima de todo con intención, ilusión y pasión.

No puedo dedicarme a una actividad que no me «mueva», ni física ni mentalmente, ya que sin ilusión y con el paso del tiempo me convertiría en un individuo vulgar, uno más de la masa, en un «encefalograma plano». Y mi vida transcurriría, sí, pero sin llegar a saber nunca qué significa correr, saltar, bailar y, por supuesto, caerme y volverme a levantar. La cuestión no es si algo es posible, ya que siempre lo es, sino *cómo* conseguirlo. Todo lo que pueda imaginar, por difícil que pudiera parecer, lo puedo conseguir.

El juego es lo que cuenta. ¡Hay que jugar!, sabiendo que las mejores cosas siempre suceden fuera de los límites establecidos.

1. El punto de partida importa poco

Todos, absolutamente todos, hemos empezado alguna vez desde cero (algunos incluso varias veces), y si, desde ahí, existen tantas personas a las que admiro que han sido capaces de llegar a objetivos realmente increíbles, yo también puedo.

Quiero aprovechar este momento para decir que para cuando había cumplido los 33 años ya me había arruinado dos veces, y partiendo de un lugar muy alto. Y desde ese punto cero, y por segunda vez, volví a empezar, renací y subí de nuevo a un punto superior. Lo que me lleva a concluir que sí, que el punto de partida importa poco, y que me he demostrado estar perfectamente capacitado para llegar exactamente allí donde me comprometa conmigo mismo.

Después de esos dos episodios de ruina y cada vez que comienzo un proyecto, imagino y me coloco mentalmente y por voluntad propia en el «cero», en una situación incómoda que me haga estar atento con los cinco sentidos, ya que es cuando lo pierdo todo cuando soy verdaderamente libre de hacer lo que me plazca, y mi cerebro se pone en la posición de «ser capaz de todo». Puede parecer ciencia ficción pero no lo es. El cerebro es capaz, con sólo recordar un hecho pasado, de hacer que el cuerpo sienta la misma emoción de entonces (positiva o negativa), lo cual supone un arma de incalculable valor que muy poca gente usa; ponerme en una situación incómoda cualquiera es una «construcción» mental sin daño y un maravilloso ejercicio para mi cuerpo y mi mente. Si mi mente recuerda una situación pasada en la que me sentí poderoso y se pone en ella, mi cuerpo comenzará a sentirse y moverse de la misma manera de entonces, lo que resulta un excelente ejercicio y una poderosa arma a mi disposición para usar una y otra vez.

Mi cuerpo (que incluye la mente) puede hacer muchas cosas por mí y se merece que lo cuide mucho más de lo que lo he hecho hasta la fecha. Siempre que esté dispuesto a entrenar mi mente, que no distingue entre realidad o ficción y que tiene el poder de dar órdenes precisas a mi cuerpo para que se comporte como yo quiera, puedo ser todo aquello que imagine. ¡Y eso es la hostia!

Por todo ello, y teniendo un arma tan poderosa a mi alcance, no entiendo por qué no la uso con más asiduidad: ¡Todos los días!

La comodidad y seguridad nunca me hacen mejorar, y si quiero ganar algo, lo que sea, debo ponerme en situaciones incómodas y moverme, y no de cualquier manera, mi cuerpo debe moverse en concordancia con mi esencia, con quien soy. Es la única manera de vivir en plenitud, de emprender y de ganar dinero.

2. El pasado

Tengo que olvidarlo, está muerto. Y si quiero conseguir objetivos que hasta la fecha, y siendo como soy, no he conseguido, es obvio que tengo que convertirme en una persona diferente, y debo hacerlo ¡ya!

Si no lo hago me quedaré donde estoy. ¡Es simple!

El presente es mi futuro y en él me tengo que enfocar. Si no hay decisión no hay acción, y sin ella no hay compromiso, y sin él no hay nada.

El pasado lo conozco y sirve de poco. Me miro a mí en el pasado y ni me reconozco ni me gusto. Quizás sea porque la mente tiene muy mala memoria y con el paso del tiempo va construyendo una película sobre mi pasado moldeada por la persona que hoy soy (siendo más ficticia que real), y que lo único que consigue es hacer de mi «presunto» conocimiento algo inservible en el presente. Miro por última vez al pasado irrelevante y me enfoco en el presente y sus decisiones, que es lo único que me llevará al futuro y a mi objetivo.

¿Por qué no voy a conseguir lo que quiero? ¿Quién lo dice? ¿Dónde está escrito? ¡Yo puedo hacer aquello que me proponga! Y no sólo puedo, sino que lo voy a hacer ¡sí o sí!

3. Mi «estilo» es el verdadero punto de partida

Me llamo Aitor, que significa 'padre' o 'noble' (en euskera) y su origen está relacionado con la palabra *aita*, que proviene de la mitología vasca y es el nombre del patriarca y Dios del antiguo pueblo vasco. Según la leyenda, Aitor tuvo siete hijos (no es mi caso) que crearon las siete provincias de *Euskal Herria*, y que a su vez engendraron descendientes en ellas. Teniendo en cuenta la potencia e importancia del nombre que me pusieron mis padres, siempre lo he honrado y lo honraré.

¡Sí! Soy un individuo emprendedor y es el punto de partida, tengo un cuerpo y una mente maravillosos que desde hoy voy a cuidar con absoluta dedicación, actúo (casi) siempre *a contrario sensu* (al revés de la mayoría), desarrollo mis ideas y nunca copio, mis planes son míos y a nadie le interesan, mi riqueza (material e intelectual) es una consecuencia de quien soy y de lo que hago (no hay suerte ni azar), pienso siempre en positivo, ordeno a mi cuerpo que se mueva hacia el objetivo con el que me he comprometido, nunca pido ayuda, ni dinero, salvo que esté en peligro de muerte, vivo sin culpa ni arrepentimiento, sin quejas ni excusas, me levanto por las mañanas excitado por jugar, sé que el éxito (sea lo que sea) depende de mí y nunca del exterior, actúo siempre obviando a los espectadores, sé que tengo dentro de mi «disco duro» todo lo necesario para triunfar; mi tiempo, dinero e ideas son míos, soy libre y no pertenezco a nadie, nací donde me tocó, soy siempre fiel a mi estilo sabiendo que es lo más importante para emprender, y por ello siempre tengo *in mente* la siguiente frase axiomática: *Si tengo una buena idea y soy capaz de comunicarla en 30 segundos y a la primera (no habrá segunda oportunidad), conseguiré el dinero necesario para ejecutarla.*

Así que a nadie se le ocurra volver a poner la manida excusa de que «no puedo emprender porque no tengo dinero».

¡Querer es poder! Y siempre ha sido así.

4. Limpio, comido y leído

El punto de partida siempre es el individuo y nunca es lo que tiene, sino lo que es y lo que es capaz de hacer.

Si analizo mi vida hasta hoy, compruebo que lo que soy es producto de mis decisiones y de mi absoluta responsabilidad. Me comprometo a que así siga siendo, ya que mis decisiones presentes definen mi futuro.

El éxito es la punta visible del intelecto y el cerebro es su sustento, que, con su enfoque, alta concentración y talento, me ayuda a conseguir todo lo que quiero y en menos tiempo. Al cerebro tengo que asignarle tareas y objetivos concretos, eliminando todos los factores distractores, estériles y vulgares que pudieren dispersar mis neuronas y mi posibilidad de éxito.

Por eso al «juego» debo ir siempre con buen aspecto, comido (nada de comer cuando se «juega»), instruido e informado.

En la vida, en la que no siempre gana el más fuerte, el éxito está en el mercado siempre a disposición de todos, y para conseguirlo lo primero que debo ser es realista y aceptar que, si bien todos, sin excepción, lo buscamos, el éxito es restrictivo y limitado mientras que el error es algo absolutamente común al ser humano. «El éxito llama al éxito» es una sentencia relativamente cierta porque se sirve de apalancamientos tan efectivos como la influencia, la fama, el prestigio y el poder económico acumulado en el pasado, pero es necesario recordar que todos los triunfadores de hoy partieron un buen día de un cero absoluto, y que sin intención y voluntad no hubiesen llegado «ni a la esquina».

Antes de meterme de lleno a marcar mi objetivo, dejo aquí una frase para no olvidar nunca: *Creo en mí y soy fiel a mí mismo y, pase lo que pase, me muevo, me muevo y me muevo. Nunca me paro.*

El exterior no tiene por qué decidir qué es lo que yo quiero ni cómo tengo que conseguirlo. ¡No debo permitirlo bajo ningún concepto!, ya que el punto de partida y el epicentro de todo soy yo.

4

Marcando un objetivo «de la hostia»

Quien añora pequeñeces, no merece grandezas.

ANDRÉ KOSTOLANY

«Definir un objetivo en más de dos líneas constituye una miopía», decía uno de mis mentores. Para definir claramente un objetivo debo saber concretamente qué es lo que quiero en la vida. Puede parecer algo sencillo pero no lo es.

¿Por qué es tan importante? Porque como he dicho antes, una vez que lo marque, y nadie me obliga, me habré comprometido conmigo mismo en un pacto de sangre que bajo ningún concepto podré incumplir, ya que si lo hago la decepción será demoledora. Así que ¡ojo! con lo que digo que quiero, porque una vez que «firme»: ¡No habrá marcha atrás! Espero que haya quedado suficientemente claro, ya que son estos «detallitos» los que hacen la diferencia.

¡Sigo!

La palabra es un don exclusivo de los seres humanos y el sonido de mi «esquema mental». Por cada palabra que uso para precisar y concretar, uso miles para describir, preguntar y criticar. En la mayoría de las conversaciones y discusiones es harto complicado conseguir un porcentaje decente de esencia interesante. Aun y con todo, es lógico que sea así e incluso supone un gran logro en la comunicación humana. Concretar un objetivo exige tiempo, análisis, intención, decisión y compromiso con mi vida. A la mayoría, la monotonía y cotidianidad de sus vidas no les exige el compromiso personal de tener que marcar objetivos, lo que es una pena ya que el esqueleto que sustenta cualquier actividad es la consecución de un objetivo bien estructurado en todos sus detalles. Una vida sin objetivos es una vida pobre y sin horizonte.

El defecto de muchos planes es la falta de concreción verbal y escrita, en su definición, o una horrible verborrea, empalagosa y ególatra, usada por algunos para definir qué son y para qué existen, y usando casi siempre coletillas como: «para ser una mejor persona», «para dejar un mundo mejor a mis hijos», o «con base en la justicia social». Una sarta de molestas inconcreciones que no significan nada y no llevan a ningún lado. ¡Por Belenos, seamos concretos!

Un «esquema mental» superior es aquel que analiza por qué se ha producido algo, trata de mejorarlo y se prepara para el próximo error que sin duda acontecerá. No se trata de sustituir y reemplazar sino de mejorar. El error es parte de la naturaleza humana y es necesario subsanarlo siempre desde el sentido de la responsabilidad individual y sin «echar balones fuera».

¡Cambio de tercio!

Una vez que sé perfectamente quién es *el quién* (el actor principal de la película), ha llegado el momento de marcar *el qué* (el objetivo) y hacerlo de la manera más precisa y simple posible. Personalmente tengo una idea, aunque sea vaga, de todo lo que quiero conseguir antes de morir. Todo lo que me acerque a mi objetivo se convertirá en la medida de la calidad de mi vida, si lo consigo en parte, me sentiré feliz «en parte», si lo consigo del todo, me sentiré feliz «del todo», y si no lo consigo, tampoco pasa nada. ¡Desapego al resultado ahora y siempre!

No es ningún pecado desear ir consiguiendo objetivos diferentes mientras «disfruto» de los obstáculos del camino, el problema viene cuando me obsesiono con lo que quiero y me deja de satisfacer en el momento presente. Soy muy consciente de que tengo un punto de partida, un camino por recorrer y un objetivo al que llegar, pero hay cosas más importantes, necesarias e imprescindibles como: las ganas de vivir, estar siempre abierto a nuevas experiencias, querer seguir aprendiendo hasta el último día de la vida, tener fuertes lazos y compromisos personales en el entorno en el que vivo, disfrutar de todo lo que haga y tomarme las cosas con calma.

Mi mayor poder es cuando siento que (casi) controlo mi vida (ya que el control total es una utopía), y es en esos *casi* donde está el «quid» de la cuestión. Aunque me cueste llegar al objetivo, debo mantenerme siempre en el camino, que es donde está realmente lo que merece la pena de la vida.

—¿Y el objetivo no es lo más importante? —preguntas.

—Centrarse en vivir y disfrutar el camino es lo más importante. Al objetivo, ya si eso, ya llegaré.

Antes de marcarlo quiero dejar claro que para mí es más importante el tiempo que el dinero, porque de poco sirve ganar mucho dinero si no tengo tiempo de calidad, y reconozco que fui un claro ejemplo de ello.

Las personas que consiguen un mínimo control sobre su vida con una mentalidad positiva y abundante, y que han conseguido emprender y ganar dinero siendo capaces de usar el menor tiempo posible para ello, son el vivo ejemplo de la eficiencia vital.

¡Voy con mi objetivo!

Ya que tengo que marcarme uno y cuesta lo mismo, «tiraré» por lo alto aunque parezca ridículo e inalcanzable, que mi mente haya previamente imaginado y que mi mano haya garabateado y diseñado con precisión en un folio para que nunca se me vaya de la cabeza. A la hora de marcar un objetivo, la cuestión no es si algo es posible (ya sabemos que siempre lo es), sino cómo y en cuánto tiempo conseguirlo.

Voy a escribir una carta donde marcaré mi objetivo «con pelos y señales», le pondré fecha y la meteré en un sobre que sólo abriré cuando llegue el plazo por mí estipulado para conseguirlo y así poder comprobar cuánto consigo de lo que me comprometo y lo efectivo de la técnica, que con el solo hecho de escribirlo, consigue que mi cuerpo comience a moverse en la dirección que la escritura ha ordenado a mi cerebro, orden que sin duda cumplirá.

¡Voy pues a desvelar mi «ridículo e inalcanzable» objetivo!

El objetivo es **36M/2033**.

Es decir, facturar 36.000.000 de euros (neto en mi caso) en el período que va desde el ocho de marzo de 2023 (día de la creación de REZIA®) hasta el 31 de diciembre de 2033, por tanto, dispongo de diez años y nueve meses para, *pasito a pasito,* llegar a la meta.

Además, durante ese período quiero conseguir también lo siguiente:

1. Diseñar y construir **mi *loft* rural**, donde vivir y dirigir mi proyecto.
2. **Usar mi tiempo** exclusivamente en aquello que me gusta: escribir, nadar, leer, cocinar, el sexo, viajar, diseñar nuevos proyectos y seguir invirtiendo.
3. **Compartir** todo lo anterior **con «mi gente»**.
4. **Mantenerme** en un peso entre **86 y 89** kilos.

—Sí. Ya. Lo entiendo, pero ¿con qué ideas piensas conseguir ese estúpido y aparentemente inalcanzable objetivo? —oigo murmurar por ahí.

—Paciencia. Todo a su debido tiempo. Ahora estoy definiendo el *qué*, ya tendré tiempo de hablar del *cómo*.

Al marcar un objetivo con una cifra de dinero concreta, se envía automáticamente una orden a mi cerebro para que mi cuerpo comience a moverse como si ya lo hubiese conseguido y mantenga la disciplina necesaria para empezar el entrenamiento que supone el *Transforming*: estar enfocado cada mañana, jugar y aprender gran número de conceptos que ahora ni me imagino, salvar los obstáculos que se me presenten en el camino, conocer diferentes tipos de personas (y portarme bien con ellas), asistir a reuniones de todo tipo (interesantes y soporíferas), mantener discusiones de alto y bajo nivel, discernir entre qué tirar a la basura y qué no, adaptarme a los malos momentos (que los habrá) y disfrutar de los buenos.

De todo ello es capaz una simple cifra, aunque parezca ridícula e inalcanzable, que supone todo un compromiso y una firme declaración de intenciones.

Marco el objetivo, y ese simple hecho hace que una orden de vital importancia se traslade desde la mente al resto del cuerpo y que éste comience a sentirse diferente con la seguridad de saber que va a conseguirlo. Ganar dinero es sencillo, y no es la cuestión más importante, combinar el cuánto, para cuándo, para qué y vivir como quiero, eso es lo realmente importante. Si lo hago, el dinero vendrá solo.

Piensa diferente y a lo grande, defiende tus ideas e ignora a la multitud y a las viejas costumbres.

Y ahora: ¡Me voy de compras!

5

Un reloj para cada proyecto

Siempre en mi muñeca, y cada vez que lo miro (mil
veces al día), me recuerda que paso a paso me dirijo
hacia mi objetivo sin desviarme nunca del camino

¿Por qué uno diferente para cada proyecto?

Siempre que empiezo un proyecto elijo cuidadosamente un reloj que encaje con sus características, grabo una leyenda en el dorso que sea mi anclaje y estandarte, para que cada vez que lo mire, me enfoque y mi mente produzca pensamientos positivos que hagan que mi cuerpo se mueva en la dirección correcta, recordándome el compromiso que firmé conmigo mismo y bajo ningún concepto incumpliré.

Cada vez que miro el reloj, automáticamente, me direcciono hacia donde debo, me permite crear mi realidad, actuar de manera impecable, y me ayuda a levantarme cada vez que me caigo. ¡Es un poderoso anclaje! y la razón por la que elijo uno para cada proyecto.

¿Cuáles fueron mis relojes (y sus leyendas) en mis anteriores proyectos?

1. Período (1990-1999):

El elegido fue un Tudor Rotor Self Winding de color azul, que compré en Bilbao y al que grabé la leyenda «SG 99».

2. Período (1999-2014):

En 1999, en uno de los peores momentos de mi vida (segunda ruina), decidí comprar en Vitoria el reloj de mi sueños, un Rolex GMT Master II «Pepsi» (con bisel rojo y azul) que no había sido «capaz» de comprarme en trece años porque sentía un horrible cargo de conciencia, confiando en que me daría «fuerza» para salir del fango más absoluto en el que me encontraba y me llevaría de nuevo al lugar del que me había caído. Grabé el reloj con la leyenda «Kostolany 1000/2010», objetivo que conseguí en 2005 (cinco años antes de lo previsto), que me llevó a uno de los mejores momentos de mi vida y que está suficientemente explicado en mis anteriores libros.

¿Qué reloj he elegido para conseguir el 36M/2033?

Esta vez las cosas serán diferentes y no habrá un reloj concreto ni grabación al dorso, sino una marca *concepto*. Me explico. Nuestro proyecto matriz se llama REZIA®, nombre que proviene de la palabra *recio* (elegimos el femenino porque sonaba mejor), cuyo significado es 'fuerte', 'robusto', 'vigoroso', 'duro', 'intenso'. Con estos «mimbres», y teniendo en cuenta que los relojes son una de mis «perversiones», me pregunté: «¿Qué reloj es duro, resistente a los golpes y situaciones extremas, preciso (radiocontrolado), ecológico y duradero energéticamente (no necesita cambio de pila ya que toma su energía del sol), sumergible a 200 metros, con cinco alarmas, cuenta regresiva, cronógrafo, gmt (marca dos husos horarios a la vez)...?».

Y, ¡zas! Rápidamente me vino a la mente, no un modelo de reloj concreto sino una marca *concepto*, y en ese preciso momento decidí que en esta nueva andadura siempre llevaría en mi muñeca un reloj de la marca G-Shock. De momento y dentro de mi colección de relojes, sólo tengo dos modelos de esa marca y he decidido que sea el modelo GW-9200 (2008), reloj de culto, raro y difícil de conseguir, el que me acompañe en este nuevo proyecto.

No se me ocurre un objeto duradero, preciso y precioso que me recuerde tantas veces al día por qué soy quien soy y hago lo que hago. Sé que mientras lo lleve en mi muñeca siempre estaré completamente enfocado. Porque una de las cosas que más me molesta en esta vida es que me descentren cuando estoy viviendo alguna «experiencia de la hostia». ¡No lo hagas nunca!

Una vez que he decidido el reloj que será mi fiel compañero, ya puedo comenzar el camino: simple, interesante, divertido y enriquecedor. Me gusta la simplicidad (toque de genialidad) y tiro a la basura todo lo complejo.

Un viaje de mil kilómetros comienza desde un punto de

partida cualquiera, *pasito a pasito* y con mi reloj en la muñeca comienzo mi camino hacia mi inalcanzable y ridículo objetivo.

Y ahora y sin más preámbulos, comencemos con el entrenamiento de verdad, y es para mí un honor presentar...

6

El *transforming*

La energía ni se crea ni se destruye, sólo se transforma

¿Qué significa este raro concepto?

Transform (verb): to change completely the appearance or character of something or someone, especially so that thing or person is improved.

«Cambiar completamente la apariencia o el carácter de algo, o alguien, especialmente para mejorar esa cosa o persona» (traducido del *Cambridge dictionary*).

Y como yo uso el concepto en gerundio, observo que presenta dos importantes atributos: transformación y movimiento. Es decir, el *transforming* es transformarme continuamente para mejorar sin parar.

Es un concepto que llevo usando desde 1989 (aunque no lo había llamado así hasta hace diez años), para definir el entrenamiento necesario para pasar desde quien soy (antes de iniciar un proyecto) a quien debo ser (para recorrer el camino y conseguir el objetivo), como un actor que cambia de registro en cada película.

La primera vez que emprendí no estaba preparado para

ello aunque yo creyese que sí, pero rápidamente aprendí que el éxito o el fracaso nunca están fuera de mí sino dentro, y aunque parezca baladí es un hallazgo realmente decisivo.

Por tanto, era obvio que debía entrenar para transformarme en otra persona (la que yo quería ser), o mejor dicho, dejar que mi verdadera esencia saliese de una vez por todas para mostrar al mundo todo su potencial. ¡Porque de eso se trata!

El primer cambio «de piel» resultó complicado y doloroso, pero cuando lo hice unas cuantas veces terminó por resultarme sencillo, natural y adictivo. Eso es el *transforming*: un cambio ineludible.

Porque sí (casi) cualquiera puede emprender, pero es imposible que una persona lo haga con la misma forma de pensar con la que hasta la fecha no lo ha conseguido. Si estuviese equivocado, ya hubiera conseguido mi objetivo hace tiempo, y si no lo he conseguido, es que no estoy equivocado.

La palabra *transforming* me parece realmente bella, y no se me ocurre una mejor «compañera» para el viaje en el que me acabo de «embarcar».

Si no me gusta mi vida y no cambio, poco valgo. No importa mi pasado, puedo ganar, y si creo que no puedo mejorar, ello significa que no sé nada de la vida. Siempre se puede cambiar, siempre se debe mejorar. Dicen que la perfección no existe pero no estoy de acuerdo, soy el actor de mi película y ambas son perfectas. Y si no soy perfecto, pienso que lo soy y mi vida cambia automáticamente recordando que mi mente tiene un poder impresionante e inabarcable y que sólo conseguiré aquello que previamente haya imaginado, sin compararme con nadie, por supuesto, pese a que me hayan inculcado la «chorrada» descomunal que supone la necesidad de ser competitivo a muerte para ello. La competencia y el trabajo duro son dos conceptos claramente sobrevalorados, estúpidos (poco inteligentes) e ineficientes que nunca practico.

¿Trabajo duro? Son dos palabras que nunca deberían ir juntas: trabajar es algo inhumano que nadie quiere ni debiera realizar, y si junto a la palabra *trabajo* colocamos la palabra *duro*, el resultado es algo horripilante. ¡Al carajo con la competencia, el trabajo duro, las «chorradas» y las comparaciones!

¿Qué te parece si cambiásemos el concepto «trabajo duro» por «una actividad de la hostia»? ¡A mí me parece una muy buena idea y una decisión más inteligente! ¡Pues eso!

Prefiero la segunda, que resulta más divertida y con la que ganaré más dinero y en menos tiempo. Desde este momento, y en este libro, el concepto «trabajo duro» queda abolido.

Mi forma de vida es la mejor y en ella nadie puede competir conmigo.

No soy lo que «digo» que hago, soy lo que decido hacer y efectivamente hago. Desde este momento, los «fantasmas» y «vendehúmos» quedan también abolidos y vetados.

Lo que condiciona mi vida (positiva o negativamente) no son las cosas que hago pocas veces (aunque falle en todas ellas), sino lo que hago asiduamente, entreno y se convierte en mi rutina. La repetición es la madre de la destreza, cuanto más repita una acción, mejor lo haré y si la repito lo suficiente me convertiré en un experto.

Sigo adelante...

7

Creando mi marca personal

Si no me digo yo que soy el mejor en mi vida,
¿quién me lo va a decir, si no tengo abuela?

¡Aviso!

He decidido comenzar con la creación de la marca personal porque el individuo (nunca el colectivo) es lo más importante, siempre es el inicio de todo y donde radica la clave de cualquier éxito. Empezaré aquí el diseño de la marca personal que iré construyendo capa a capa y que, con un poco de paciencia, tendré finalizada y completamente «niquelada» al final del libro.

¡Vamos a ello!

Tener mi propia marca personal es la diferencia entre «dirigir a» o «ser dirigido por». *Y yo no sé a ti, pero a mí nunca me ha gustado que me digan qué tengo que hacer.*

Sin marca personal soy una ameba.

La masa, a diferencia del individuo, no tiene cerebro ni inteligencia y por tanto no piensa. La masa es un magma gris que depende de la opinión del observador que la analice. Sin embargo, a mí como individuo todo lo que mi «personalidad pública» comunique al exterior me definirá y me dejará «en pelotas». La citada «personalidad pública» cuando es positiva constituye un arma de «seducción masiva», mientras que si es negativa, el hedor puede ser percibido desde Nepal. Y esto es importante tenerlo en cuenta porque cuando «salimos de casa», de nuestro círculo conocido, nos topamos de bruces con el «magma gris» y la infinitud de las relaciones sociales posibles en el mundo, donde mi nombre «debiera» significar algo y el hecho de que se acepte o rechace depende del «aroma» que yo exhale y los demás perciban, razón por la cual es de vital importancia construir una nueva marca personal que huela al mejor perfume jamás creado.

Mi marca personal es mi «nuevo yo», la persona en la que me quiero convertir, con una manera diferente de vivir, elegida por mí para que todos (incluidos mis potenciales compradores) sepan quién soy y a qué me dedico.

Para construir hay que destruir (no todo obviamente) y eso es lo que haré.

Primero eliminaré todo lo prescindible de mi «viejo yo» y comenzaré a definir (siempre por escrito) quién y cómo quiero ser.

Crear una marca personal es algo diferente a lo que pudiera parecer y totalmente necesario para emprender. Me dispongo a crear la mía, potente e impactante, y de la que me sentiré tan orgulloso que cuando me mire al espejo me den ganas de «invitarme a salir a cenar».

Tipos de «marca personal» que conozco

- Tipo 1: La que traemos «de serie» al nacer.
- Tipo 2: La que tenemos desde que nacemos hasta que «nos damos cuenta» de que tenemos una nueva, que se ha ido construyendo poco a poco en la pubertad, adolescencia y juventud. En mi caso, me di cuenta de que la tenía cuando contaba 25 años de edad, momento en el que me sentía alguien importante por los logros conseguidos en el mundo del baloncesto profesional. Este tipo de marca era la que me vino dada (tipo 1), sumada a la que «se fue creando» por inercia a lo largo de los años. Y con esta marca tipo 2 fue pasando el tiempo, demasiado para mi gusto.
- Tipo 3: Es la del tipo 2, que me empeñé en mantener y mostrar orgulloso al exterior en toda mi edad adulta porque creía que me sentaba fenomenal. Y así transcurrió el tiempo hasta mis 48 años. Un día, después de muchos «sopapos», me di cuenta de que ya no quería seguir siendo esa persona y que mi vida estaba siendo dirigida por terceros (o sea, que era un «pelele»), cosa que no me gustó nada aunque todo sea dicho, la responsabilidad era única y exclusivamente mía. ¡Sí! En la vida hay que elegir: o vivo como quiero, o vivo como otro quiere que viva.
- Tipo 4: Es la que voy a empezar a diseñar aquí y ahora, la que el exterior perciba y me compre. La marca debe encajar con mi forma de pensar, ser poderosa, única, que mantenga mi autoestima alta, reconocida por mí, me identifique con ella y me muestre en todo momento

la dirección que seguir cuando me pierda o desoriente, cosa que con total seguridad ocurrirá. ¡Vamos allá!

Creando mi (nueva) marca personal

Hago caso omiso a la opinión pública. Tengo mi propio criterio y lo sigo. Si me equivoco, que sea por mí mismo y no por seguir a los demás.

Mi marca soy yo

Aquella que cuando alguien vea por primera vez quede fijada en su mente para siempre y con un veredicto positivo. No es sencillo pero sí posible y debo intentarlo con total convicción.

Mi marca personal es mi cuerpo, cómo visto, mi forma de pensar y de hablar, de mirar, de estrechar la mano, de comunicarme y de moverme. Y mientras yo me sienta bien con ella, y guste a quien tiene que gustar, es irrelevante si gusta a la mayoría o no. Ha sido creada por mí, estoy orgulloso de ella y es la prolongación de mi esencia. La creación de una marca personal comienza siempre con un cambio físico.

Construyendo un cuerpo «diferente»

En mi caso llegué a pesar 106 kilos y sentía que mi cuerpo no estaba en condiciones de acometer el proyecto que iba a emprender (REZIA®). Ahora peso (casi) como cuando era jugador profesional de baloncesto (86 kilos con un 15 por ciento de grasa), y he comprobado que cuando decido cambiar mi físico (ésta es la segunda vez en mi vida), y lo hago, automáticamente y sin esfuerzo cambia mi forma de pensar, de moverme, de vestirme, mi realidad presente y el futuro se insinúan más excitantes.

Todo empieza por decidir dar el primer paso, si cada día doy el paso que me toca, despacio y sin prisa llegaré a cualquier lugar: *Elemental, querido Watson*.

Para cambiar de cuerpo me pregunté con quién debería «modelarme», siempre lo hago de la misma manera: cuando quiero adelgazar, ganar mi primer millón de euros, conseguir salir con la chica que me gusta, aprender a cocinar, conseguir cambiar un billete de AVE si vas a perder el tuyo y no quieres pasar por la taquilla, o no tienes tiempo para hacerlo... Pienso en alguien que haya conseguido lo que quiero, le estudio, le observo y, si puedo, me reúno con él.

Pongo un ejemplo bien conocido por muchos. Desde que comencé mi andadura como inversor (1989), pensé en quién podía inspirarme, de quién aprender, alguien cuya estructura mental y forma de pensar encajasen con la mía. El elegido fue *André Kostolany*, leí sobre él todo lo que se puso a mi alcance, incluso viajé a Viena y Budapest para visitar los lugares donde transcurrió su vida y se hizo famoso, lo tomé como «modelo», y me fue muy bien.

Antes de mi primer cambio físico también pesaba 106 kilos. En aquel momento, yo tenía una imagen física muy conocida por todos ya que entre 2005 y 2014 mi vida fue muy «movida» y pública debido a los cursos de formación sobre el futuro del SP 500, las conferencias que impartía y los libros que escribía.

Un día llegó el momento, tomé la decisión de «ponerme las pilas», decidí que mi viejo personaje tenía que morir para dar paso al nuevo que sería quien realizase el nuevo proyecto: con un nuevo cuerpo, forma de vestir, de pensar, de moverse, es decir, un *transforming* total.

Y para inspirarme y decidir quién sería la persona con la que me modelaría, pensé en el mundo del cine y me pregunté: «¿Qué actor ha demostrado ser un camaleón y ha hecho múltiples cambios físicos a lo largo de su carrera?».

Rápidamente me vinieron dos nombres a la cabeza y elegí a uno de ellos para «modelar» mi cuerpo (y todo), fue *Christian Bale*.

¿Por qué digo «y todo»? Porque un cambio físico hace que todo se transforme de manera milagrosa. Cuando tomo la decisión (inconsciente) de que quiero adelgazar, lo que hago es dar una orden a mi mente: «¡Quiero adelgazar 20 kilos en 3 meses!».

Una vez recibida la orden, mi mente se erige en el «maestro de orquesta» que comienza a dirigir haciendo los cambios necesarios para conseguir el resultado: hacer ejercicio (en mi caso: nadar, calistenia y estiramientos), cambiar la dieta («VeganFlex»), dormir mejor (siete u ocho horas), disminuir el estrés y, además y de manera sorprendente, la mente se autoordena y cambia, por la necesidad del momento, su forma de pensar.

¿No es increíble? Decido cambiar mi cuerpo y, de regalo, cambia todo, se acuesta una persona y se levanta otra diferente.

De lo que extraigo la valiosa enseñanza de que a la mente le puedo ordenar todo lo que quiera y las veces que quiera, porque no sólo cumplirá la orden sin rechistar, sino que ayudará a mi cuerpo a hacer todo lo necesario para conseguir cualquier objetivo que imagine. Y eso sí que es una «experiencia de la hostia», *my friend.*

«Otra» forma de pensar

Dice una famosa cita atribuida a Mahatma Gandhi: «Mis pensamientos se convierten en mis palabras, las palabras en mis acciones, las acciones en mis hábitos, los hábitos en mis valores y los valores en mi destino».

Mi experiencia así lo corrobora. El pensamiento lo es todo.

Desde muy crío, y no sé por qué, pienso diferente y contrario a la mayoría (*a contrario sensu*). Obviamente, cada uno es libre de pensar como quiera, pero teniendo en cuenta el bombardeo de noticias e ideas al que estamos sometidos por los medios de comunicación, sería interesante desconectar un poco y decidir detenidamente qué es lo que realmente se quiere introducir en la mente consciente que, sin duda, acabará formando parte del cerebro inconsciente. En mi caso no tengo televisión desde hace veinte años, escucho poco la radio, nunca he tenido redes sociales y leo mucho (único caso en el que decido con qué ideas me «inundo y contamino»). Al escribir esta última frase recuerdo algo que le escuché en una entrevista al grande y brillante Arturo Pérez-Reverte, quien a la pregunta: «Usted ¿qué ideología tiene?», contestó: «No tengo ideología, tengo biblioteca». ¡Joder, Arturo! Si me lo permites, ¡sería un honor para mí ser miembro de tu «club»!

Creo que hay que hacer un «poder» por construir pensamientos rebeldes y diferentes a la mayoría.

Nueva imagen

A medida que voy adelgazando me apetece ponerme ropa diferente a la de mi «viejo yo», evoluciono y veo claro que quiero vestirme con ropa cómoda con la que me sienta «suelto», poderoso y en sintonía con mi nueva forma de ser. No hay edades, ni modas, ni estilos. Visto como quiero.

«¿Qué estilo conecta con mi forma de pensar y de ver la vida en el presente?», me pregunté.

No fue muy difícil encontrar un modelo en esta ocasión. Una tarde «tonta» estaba viendo una famosa serie de TV en mi ordenador portátil y me sentí atraído por la forma de vestir del protagonista y me dije: «Sí. Me gusta cómo viste este tío, voy a probar». Y probé, me gustó y es la forma de vestir que he decidido para mi «marca personal».

La nueva indumentaria es así: zapatillas de deporte (New Balance), *jeans* azules, camiseta (gris/verde oliva/azul oscuro), jersey de cuello en pico y de lana fina (ambos de colores oscuros), chupa negra de piel (invierno), mi reloj G-SHOCK GW-9200 (es la diferencia distintiva respecto al personaje de la serie) y mis gafas estilo Onassis. Bastante normal, ¿no? Te reto a que adivines la serie y el personaje. Siempre vestiré igual, será mi uniforme y así tendré menos decisiones que tomar cada mañana.

Una primera imagen tarda en borrarse y espero que la mía perdure en la retina de mis futuros compradores. Una vez que he «bajado» 20 kilos, me siento brillante, alegre, potente, feliz y más individuo emprendedor que nunca. Sin más dilación, mi «marca personal andante» da el primer paso del camino e intento ayudarle con las siguientes ideas:

Nota para interpretarlas: Si hay algo de lo que leas a continuación que no comprendes, ten paciencia, ya que todo tiene un porqué y será suficientemente desarrollado más adelante.

Avanti!

Desde hoy, y dando un rotundo «sí quiero» al *transforming*, me siento un individuo emprendedor, soy el actor principal y punto de partida, tengo un claro objetivo y he comprado un reloj que me sirve de «anclaje», pienso que no hay mejor vida que la mía, actúo con desapego al resultado, simplicidad, eficiencia y siempre enfocado, uso el concepto «no me interesa» cuando quiero decir «no», ya no uso la «mente multitarea» y sí la «red neural por defecto», preservo mi privacidad, sigo el «VeganFlex», planifico «lo justo», dejo que «me» negocien, sé que la vida es tiempo, decisiones y dinero, no me rindo jamás, mi técnica de venta es *no vendo, me compran*, sé que mis ideas generan ingresos e impuestos, sé dónde está el mejor lugar para vivir (y dirigir mi proyecto), obtengo beneficios generados por mi idea y pago (pocos) impuestos, guardo mi dinero a buen recaudo para gastar e invertir (ganando dinero mientras duermo). Además, siempre lo hago por mí mismo, sé que «nada importa nada», el dinero no es la única razón por la que emprendo y no pienso en él, casi no hago comidas de negocios, hago pocas (y cortas) reuniones de trabajo, trabajo sólo por las mañanas, hago una sola acción cada vez, no me gusta la monotonía, la mediocridad ni la vulgaridad, vivo el presente y reclamo mi derecho a emprender, ganar dinero y mejorar como persona, sé que lo normal es que todo salga bien, y me encanta jugar.

Ahora que ya tengo una «ligera» idea de cómo «será» mi marca personal, debo contestar sinceramente a dos preguntas.

1. ¿Estoy seguro de que ésa es la marca que quiero?
2. ¿Me comprometo a usarla y respetarla?

Si he respondido «sí» a ambas, mi obligación es seguir adelante sin olvidar que soy el mejor producto que existe, único, y que no me rindo ¡NUNCA!

Mi marca nace hoy y vivirá, como mínimo, hasta conseguir mi objetivo.

Soy un individuo libre y consigo cosas.

¿Te parece que sigamos? ¡Por supuesto que seguimos!

8

El jaguar

Dedicado a mi gran amigo
Miguel Martín Alomar, alias Rudolph

«El jaguar tiene unos ojos grandes y una mirada incisiva, y es musculoso todo él. Actúa en el suelo y se adapta a gran diversidad de hábitats y ecosistemas. Es activo de día y de noche, solitario, buen escalador y buen nadador, y se comunica de manera indirecta a través de señales, o dejando marcas de su esencia para que puedan ser detectadas y evitar así conflictos.»

Mirada incisiva (alta autoestima y direccionalidad en la acción), *musculoso* (fuerte, resistente y en buena forma física), *se adapta a gran diversidad de hábitats* (flexible y adaptable), *solitario* (individualista), *actúa en el suelo* (siempre listo para la acción), *dejando marcas de su esencia* (seguro de sí mismo) y *evitar así conflictos* (gran comunicador y negociador). ¿Son, o no son, características de un emprendedor?

Quiero hablar de cuatro conceptos que han tenido gran influencia en mi vida y me han convertido en un mejor emprendedor: la resiliencia, el estoicismo, el cinismo y la logoterapia.

1. La resiliencia

Es el proceso por el que me adapto a la adversidad, a un problema, trauma, amenaza, tensión o cualquier situación estresante de la vida. La resiliencia, en contra de lo que pudiere parecer, es una cualidad ordinaria, no extraordinaria. La gente comúnmente demuestra resiliencia, que no quiere decir que no experimente problemas o situaciones realmente complicadas. El dolor emocional y la tristeza son comunes en los seres humanos que han sufrido algún trauma en su vida. La resiliencia no es cuestión de si se tiene o no. La resiliencia incluye conductas, pensamientos y acciones, que pueden ser aprendidas y desarrolladas por cualquier persona.

Un emprendedor es mucho más que un simple trabajador, es un obseso de su actividad que debe ser flexible y adaptable, ya que en el camino se encontrará con muchas situaciones difíciles. ¡No le queda más remedio! Si no lo es, será muy complicado que pueda convertirse en un emprendedor de éxito ya que el camino hacia el objetivo siempre está lleno de piedras.

¿Qué es un triunfador?

Es quien consigue un amplio reconocimiento social, envidiado y admirado por ser capaz de hacer algo que a la mayoría le resulta imposible alcanzar.

Es curioso porque en la infancia todos lo éramos en potencia y la tradición, nuestros padres, los profesores, los compañeros del colegio nos influenciaron de tal manera que nos obligaron a empezar de cero (varias veces) a lo largo de una vida. Esa etapa tiene una gran incidencia en nuestro futuro e impone debilidades en lugar de potenciar nuestras capacidades. Un individuo emprendedor debe superar todo eso y vivir intensamente apasionado por lo que hace, que es su interés prioritario. Busca, experimenta, estudia e integra en su cerebro todo lo que le es de utilidad y que para el resto de los humanos no representa más que una pérdida de tiempo.

Soy un individuo emprendedor, tremendamente exigente, perfeccionista, no soporto la mediocridad, la pereza ni el desinterés; visiono todos los frentes que puedan determinar mi triunfo y mi grado de autoexigencia me sitúa en una actitud mental en la que cada día es el más importante de mi vida. Soy un adulto con alma de niño que cree que tener una vida (sólo) apacible es muy aburrido.

Hace años un superviviente de un accidente de avión contó cuáles fueron los pensamientos que pasaron por su mente cuando estaba a punto de estrellarse y se pueden resumir en tres: Urgencia y propósito de vida, el tiempo perdido en situaciones sin importancia y poder ver el futuro con una mirada diferente.

Finalmente sobrevivió y explicó cómo esos tres conceptos le cambiaron la vida. Aprendo de ello sin tener que llegar a sufrir una situación tan extrema.

A partir de ahora crearé urgencia y me enfocaré en el propósito de mi vida, no me relacionaré con personas que no me aporten o me quiten energía, y prometo que cada vez que surja un problema miraré al futuro con entusiasmo y lo haré todo con pasión. Y si veo que estoy realizando algo sin ella, lo dejaré inmediatamente para ponerme a buscarla, sin olvidar nunca que lo realmente importante son las acciones del individuo obviando siempre a los espectadores.

2. El estoicismo

Cuando cambio yo, todo cambia, porque no veo el mundo que es,
veo el mundo que soy.

La filosofía estoica se basa en conceptos e ideas tan importantes como: enfocarme sólo en aquello que pueda controlar (¡casi nada!), vivir el presente con calma y sin miedos imaginarios (ya que como dice la cuántica, teniendo en cuenta que el tiempo es circular y no lineal, el presente es lo único que existe), tratar igual el acierto que el error (soy la misma persona y no hay razón para hacer diferencias), aprender más de los errores que de los aciertos, hacer una sola acción cada vez, tomar siempre el camino más incómodo y difícil, preguntarme si cada acción que voy a realizar es estrictamente necesaria, amar mi destino y adaptarme a él, «hablar con los muertos» (leer mucho y aprender de las mentes más brillantes de la humanidad que ya vivieron hace tiempo lo que yo quiero vivir), no necesitar de lo nuevo (aunque tenga la posibilidad de tenerlo), ser exigente conmigo mismo y comprensivo con los demás (mis normas sólo son aplicables a mí), recordar que muero cada día y que el pasado es propiedad de la muerte (a la que cada día me acerco) y adaptarme a todo como el agua. Y luego: ¡adaptarme un poco más!

3. El cinismo

El significado de la palabra *cínico* ha variado a lo largo de los siglos, y en la actualidad el concepto se identifica con la desconfianza en la honestidad de las personas que se expresan con ironía, burla o humor. La escuela filosófica cínica no está para nada representada en este significado, es mucho más que todo eso y resulta muy controvertida ya que es una forma de protesta que cuestiona y no da nada por sentado, criticando lo comúnmente aceptado, o establecido, en la sociedad. Esta escuela fue fundada por Antístenes, aunque su miembro más famoso acabó siendo Diógenes el Cínico, aquel que cuando el gran Alejandro Magno le concedió el deseo que quisiese, le contestó pidiéndole por favor que se apartase para poder recibir los rayos del sol.

Los cínicos son imperturbables, fieles a sus ideas, autárquicos (dominio sobre sí mismos), despreocupados por cuestiones sin importancia o irrelevantes, excéntricos, contestatarios, irreverentes, resultan molestos al señalar lo absurdo de las convenciones a las que las personas se adhieren, defensores a ultranza de que la felicidad depende directamente de la libertad (la gran obsesión de los cínicos), de que los seres humanos tienen todo lo necesario para ser felices, y si no lo son es por causa de su estupidez y ceguera ante lo material que limita su libertad, adoptan al perro como símbolo de su escuela por su frugalidad, simplicidad, libertad y su capacidad de «morder» a cualquiera con sus verdades incómodas con el objetivo de despertar conciencias, recurrían siempre a la ironía y vagaban libremente por la ciudad generando escándalos y provocando a todo aquel que se cruzase con ellos, la moderación no era uno de sus puntos fuertes. Aunque hayan pasado veinticinco siglos, todavía hoy en día siguen vigentes los pensamientos de la escuela cínica griega porque el ser humano sigue siendo prácticamente el mismo, esclavo de las convenciones y de la corrección política que constituye, sin duda, el nuevo autoritarismo. Los cínicos reivindicaban el coraje de la *parresia* (hablar con total franqueza, sin dejarse nada) y el llevar una vida escandalosa provocada por sus pensamientos, palabras y actos. El objetivo de la vida para los cínicos es la claridad mental (lucidez), liberarse de toda falsa creencia, estupidez, insensatez, locura y presunción, viviendo de manera orgánica y natural. Defienden que la arrogancia es causada por falsos juicios de valor que provocan emociones negativas y deseos antinaturales, practican la desvergüenza y el descaro y desfiguran y critican las leyes, las costumbres y las convenciones sociales que la mayoría dan por sentadas. Un cínico es minimalista y su modo de vida requiere de un entrenamiento continuo, no sólo en el ejercicio de juicios e impresiones mentales sino también en el aspecto físico. El cínico pretendía ofrecer a las personas la posibilidad de la felicidad y la liberación de la incertidumbre.

Pero nada de lo anterior significaba que un cínico tuviese que retirarse de la sociedad, de hecho, debían vivir bajo la mirada del público y mostrarse indiferentes ante los insultos que invariablemente recibían ya que vagaban por la ciudad molestando a la gente con sus ideas con el objetivo de agitar las conciencias. Se dice que fueron los cínicos quienes inventaron la idea del cosmopolitismo (ideología que postula que todos los seres humanos pertenecen a una sola comunidad con una sola moral compartida), cuando un día alguien preguntó a Diógenes: «¿De dónde eres?», él contestó «Soy ciudadano del mundo». Sin duda, el mundo de hoy necesita del coraje que practicaban los cínicos y de su especial *modus operandi*.

4. La logoterapia

> Entre un hecho concreto y mi reacción a él hay un lapso de tiempo pequeño pero suficiente para pensar y decidir cuál será mi mejor respuesta ante la situación dada. ¡Ahí radica gran parte del éxito en todas las cosas!

Es una variante de la psicoterapia que gira en torno a la «voluntad de sentido» como primera motivación del ser humano. Para entender la génesis de la logoterapia es necesario conocer a su autor, Viktor Frankl, que estuvo tres años en campos de concentración nazis (Auschwitz y Dachau) a los que sobrevivió gracias a que supo dar un *logos* (significado) a su vida allí. Y fue esa «postura» ante la vida, esa respuesta ante la adversidad, lo que se convirtió en su aprendizaje y su crecimiento como persona, y seguramente le salvó la vida.

La logoterapia tiene tres vertientes:

1. *La libertad de voluntad*: que explica que todo ser humano es capaz de escoger su propio destino sin ser una marioneta a merced de nadie.
2. *La voluntad de sentido*: donde Frankl expresa su preocupación ante quienes se enfocan en la percepción del «componente exterior» desvirtuando que el interior del ser humano es lo que lo hace único.
3. *El sentido de la vida*: factor fundamental e incondicional que no se pierde bajo ninguna circunstancia aunque pueda escapar al entendimiento de la condición humana.

La logoterapia es ante todo una percepción positiva del mundo.

Viktor Frankl comenzó a fraguar su teoría cuando estaba preso, lo que nos puede dar una ligera idea del porqué de dicha tesis: al desprenderse de todo lo material, de sus logros, de sus problemas, de todo por lo que había luchado en la vida, comprendió que sólo le quedaba su esencia, y de esa forma pudo ver detalles, cualidades, recursos y características de sí mismo que nunca pensó encontrar. Se fijó en los aspectos realmente importantes de la vida y, con el tiempo, vio que el verdadero sentido era estar vivo. La logoterapia se sirve de una dramatización (ponerse en un lugar extremo pensando en que la vida se acaba en ese preciso momento), de la que surge el planteamiento usualmente conocido como *lo que cambiaría si tuviese una segunda oportunidad.* Esos cambios debieran ser puestos en práctica para encontrar mi *logos.* Si me pongo en cada situación de mi vida (por ejemplo, cuando quiero transformar mi idea en dinero), en posición de *como si ya lo hubiese conseguido* o *en una situación de ruina*, mi mente ordenará a mi cuerpo que se mueva como tal, lo que resulta un arma letal y eficiente para conseguir cualquier objetivo.

Las ideas y conceptos contenidos en la resiliencia, el estoicismo, el cinismo y la logoterapia han sido, y son, imprescindibles en mi vida y como emprendedor.

9

¡No me interesa!

Conseguir el control sobre mis experiencias requiere un cambio drástico en mi actitud sobre qué es esencial y qué claramente prescindible

La frase que encabeza este capítulo es una de mis favoritas y una de las más poderosas a la hora de decir que no. Reconozco que hay muy pocas cosas que me interesen en la vida y me «muevan» y esta frase entronca directamente con mi personalidad. Ahora bien, y aclarando: lo mismo que estoy preparado para decirla debo estar preparado para escucharla, ya que no es de mi propiedad y la gestión del rechazo es un aprendizaje vital para conseguir cualquier cosa. El ser humano aprende repitiendo, una y otra vez.

La vida no es complicada, el ser humano es quien la hace. Y como «me la hacen» complicada y me tengo por una persona eficiente, mi *modus operandi* se caracteriza por tender a simplificar todo, ya que no me muevo bien en lo complejo. Soy un ferviente creyente en que la simplificación total y la eliminación de lo superfluo llevan a la felicidad y al éxito en la vida, siendo necesario para alcanzarlo estar permanentemente atento en aras de driblar a los tontos y a sus tonterías. Un tonto, aunque insista en intentar disimular, siempre seguirá siendo alguien «peligroso» a quien evitar por todos los medios.

Hace tiempo que inicié un camino consciente hacia el minimalismo absoluto (menos es más), que supone el maravilloso silencio dentro del caos y tener pocas cosas entre las que elegir, lo que me ahorra mucho tiempo que puedo dedicar a lo realmente importante. Me enfoco en lo que me interesa, elimino cualquier distracción que me aleje de mis «experiencias de la hostia», estoy sólo con la gente que amo, me aporta, inspira o comparte mis valores. Mi tiempo en el mundo material es muy corto y no tiene sentido malgastarlo con personas que no son afines a mí, lo mismo que mantener una amistad por el simple hecho de haberla tenido en el pasado. Teniendo en cuenta que nos «parecemos» y mimetizamos a las cinco personas con las que más nos relacionamos en el presente, creo que merece la pena elegirlas con sumo cuidado.

El *¡No me interesa!* es una frase que uso habitualmente cuando algo no está alineado con mis objetivos, me hace perder el tiempo o es ineficiente, el decirla resuelve de un plumazo cualquier situación y los que me conocen lo saben bien.

Muchas veces pienso que aunque haya sido estúpido en el pasado voy a hacer todo lo posible por no serlo en el futuro. ¿Cómo? No siéndolo en el presente, eliminando lo superfluo y «tirando» cada seis meses «todo» lo que se me ponga por delante que no sirva para nada: ambientes, experiencias, personas tóxicas, la televisión, la radio, libros sin utilidad, relojes y teléfonos móviles de sobra, millones de papeles guardados «por si acaso», hipotecas (de las que llevo 25 años alejado), comida ultraprocesada, ropa que no uso, en fin, todo aquello que no sirva para nada. Ir por la vida ligero de equipaje es una virtud, un rasgo incontestable de inteligencia y un ahorro de tiempo (activo que mengua cada día inexorablemente) y de dinero. Es una acción rápida, sencilla y eficiente. Todo lo que no me interese o no sirva para nada: ¡A la basura!

Para hacer todo esto hay que alcanzar un grado de sinceridad con uno mismo que a veces puede resultar doloroso. *Huyo de las mentes que no piensen como yo. No me relaciono, más tiempo de lo estrictamente necesario, con personas que no me hagan vibrar.*

Si me relaciono con personas que piensan y tratan temas que no me interesan, es imposible que aprenda ya que los dos ingredientes clave para el aprendizaje fluido son la motivación y el interés. Si no existen, nada hay que aprender, nada hay que enseñar. Quiero estar con personas que traten temas que me interesen y me motiven, y de las que quiera aprender: *O cambia usted su discurso, que no tiene por qué, o me voy con otra persona que hable de algo que me interese y con quien no tenga que hacer un esfuerzo para «quedar bien», ni para fingir, cosa que me repatea y me cuesta muchísimo.*

No quiero gastar mi energía en ese esfuerzo extra. Si me mezclo con personas que piensan como yo, no tengo que enseñar nada, no tengo que perder mi energía, mi motivación para discutir estará intacta y podré hablar de temas interesantes sin tener que fingir.

Más vale lo bueno conocido, que lo malo por conocer.

10

Adiós a la mente multitarea

A quien come y canta algún sentido le falta.

GUADALUPE APIÑÁNIZ, mi madre

¿De cuántas maneras funciona mi mente?

La mente tiene dos posiciones de funcionamiento: red neural por defecto (RND) y multitarea. Si decido activar una de ellas, la otra se mantiene apagada y viceversa. Cuando estoy en el modo «multitarea» (en el que he estado la mayor parte de mi vida), mi cerebro es muy poco efectivo, y aunque resulte curioso, necesita muy poca energía para funcionar. Tengo la errónea sensación de que soy yo quien está al mando de la toma de decisiones. Tengo que decir, aunque «me escueza», que no es así, el 95 por ciento de las decisiones son tomadas por mi inconsciente y el consciente no «pinta» nada.

En mi vida pasada, cuando vivía en el modo «multitarea» permanentemente y, en mi ignorancia, me «parecía» estar muy activo y eficiente, estaba del todo equivocado. La mayoría piensa (yo era uno de ellos) que para ser creativo, productivo y efectivo, hay que estar la mayor parte del tiempo en modo multitarea. ¡Nada más alejado de la realidad!

Cuando el cerebro realmente trabaja a pleno rendimiento y es eficiente de verdad es cuando vaga, divaga, está relajado, durmiendo, «tumbado a la bartola» y cuando está distendido sin que le pongamos una interminable y estúpida lista de tareas por hacer. Hoy en día y en la sociedad actual parece que estar muy atareado presumiendo de todo lo que se trabaja y sin tener tiempo para nada, es muy *cool.* Y no sólo no lo es, sino que resulta ineficaz, agobiante, embrutecedor, negativo para el cerebro, estúpido y contrario a una vida que merezca la pena ser vivida.

Sin duda es más eficiente e inteligente vivir más tiempo en el modo RND, con un ritmo de vida más lento, asignando un tiempo a cada tarea y siempre una a una, y dejando a nuestro cerebro que trabaje «a su bola», momento en el que la creatividad se desborda y surgen grandes ideas y brillantes soluciones.

Te cuento un secreto. Todos los días antes de acostarme paso un momento por «mi sala de juegos», hago un repaso a las tareas del día siguiente y escribo en un *post it* amarillo una pregunta sobre algún problema que tenga que resolver del que no sé la respuesta, alguna decisión que tengo que tomar sobre la que dudo, qué nuevo ingrediente añadir a una receta de cocina a la que «le estoy dando vueltas» desde hace días, adónde viajaría si mañana fuese a un aeropuerto a tomar un avión sin haber planificado nada en absoluto, si sería interesante deshacerme de una inversión, recordar cómo se llama el autor de un libro que tengo «en la punta de la lengua» y no recuerdo, cómo tengo que diseñar una idea sobre algo que quiero escribir, alguna cuestión sobre la que quiero aprender, o algún libro perdido o prestado que quiero recuperar y no sé dónde «carajo» se encuentra. Dejo la nota escrita con la pregunta para que mi inconsciente trabaje durante la noche y me dé la respuesta a la mañana siguiente. Me voy a la cama a «consultarlo con la almohada», y por la mañana, el 90 por ciento de las veces me levanto con una idea nueva que el día anterior no existía en mi consciente sobre qué hacer, o directamente con la respuesta a la cuestión planteada en el *post it* de la noche anterior. ¿Curioso? Sí. Lo es. Y un arma alucinante, también.

Lo que hago de una manera rudimentaria es consultar a mi inconsciente, quien generosamente me ofrece una respuesta que mi consciente no alcanza ni siquiera a vislumbrar. ¡Es algo alucinante!, y me encanta hacer cada noche el juego del *post it*.

Las mejores ideas de mi vida se me han presentado siempre en una siesta, estando mirando a las musarañas, cocinando (actividad que me abduce por completo), tumbado en una hamaca al sol sin hacer nada, es decir, siempre que mi poderosa mente vaga estando en el modo RND.

Cuestiones colaterales

1. El cerebro sólo es capaz de captar el 5 por ciento de la información de todo lo que ocurre a mi alrededor en un momento dado.
2. El 90 por ciento de lo que ocurre en mi cerebro es inconsciente. Es decir, que el consciente es responsable del 10 por ciento.
3. Resumen: si multiplico el 10 por ciento (consciente) por el 5 por ciento (información controlable) el resultado es que entre mi consciente y yo sólo somos capaces de controlar el 0,5 por ciento de lo que ocurre a mi alrededor en cada momento de mi vida. Teniendo en cuenta lo cual, hace ya unos años que decidí lo siguiente: planificar «lo justo» y, como «nada importa nada», dejar que las cosas vayan sucediendo, para acabar comprobando que así se vive mucho mejor.

También he aprendido a usar la intuición (arma poderosa que la mayoría de las personas infravaloran y menosprecian) siempre que pueda. O sea, siempre.

Ya no me esfuerzo demasiado en tomar decisiones (las tomo relajadamente y sin prisa), dejo vagar mi mente esperando con paciencia las instrucciones de mi inconsciente para saber qué hacer en cada situación.

Hace tiempo que «aparqué» la ineficiente multitarea y me dejé «acunar» en los brazos de la RND y de la intuición.

La vida se autodirige

Y con este panorama es obvio que no sería muy inteligente por mi parte preocuparme demasiado por el resultado. Pero lo que sí hago es procurar buenos «mimbres» (ideas, conocimientos y opiniones) a mi cerebro consciente para que mi inconsciente pueda devolverme acertadas soluciones a cualquier problema que se me presente en el camino hacia mi objetivo. Todo esto lo que me viene a decir es que no hay razón para intentar controlar nada. Hay que estar en RND el mayor tiempo que pueda, vivir más la vida y pensarla menos. No tengo el control, así que lo mejor es relajarse.

La memoria falla más que una «escopeta de feria», el cerebro consciente miente más que habla (el 35 por ciento de lo que decimos en cada conversación) y lo que creo recordar nunca ocurrió realmente así, ya que un recuerdo no es más que un pensamiento direccionado al pasado, tamizado por quien soy hoy y sin utilidad para dirigir mi vida ya que es irreal, son imágenes mentales deterioradas que no sirven para nada, que están muertas y de las que es necesario vaciar mi mente, moldeable y manipulable, para que lo sea un poco menos. Lo mismo que es positivo deshacerse de ambientes y personas tóxicas, también lo es hacerlo de los recuerdos y pensamientos inservibles. ¡Es sencillo y eficiente!

Los pensamientos provienen de lo experimentado, por tanto, es muy importante que seleccione bien los ambientes en los que me muevo, las personas con las que me «codeo» y los libros que leo. Si lo que realmente quiero es que mi inconsciente siga procurándome buenas respuestas, no puedo permitir durante más tiempo la entrada a mi consciente de ideas negativas y me quedo por tanto sólo con las impecables.

11

Transformando mi forma de pensar

Si imagino algo, si quiero algo, mi cerebro dará una orden que mi cuerpo ejecutará sin rechistar, dando el primer paso de otros muchos. Si no lo imagino, es imposible que ocurra nada. ¡Así de simple!

El fracaso no existe y el miedo es aire

El inmerecido sentimiento de seguridad, más pronto que tarde, resulta el despertar de un mal sueño. Cuando empiezo a pensar que una buena situación económica y los avances tecnológicos me harán una vida más fácil, es muy posible que me encuentre ante el principio del fin y en un estado de notable pérdida de mi capacidad para enfrentarme a la adversidad. Como no quiero que eso ocurra, dejo de lamentarme acerca del pasado, vivo el presente y miro siempre al futuro, cosa que es absolutamente imposible realizar desde un estado de comodidad estática.

Dejemos pues *dos «cositas» claras*:

1. El fracaso sólo existe si me paro. ¡Y yo nunca me paro! Por tanto, si no me paro el fracaso se desvanece. Si doy un primer paso y otro y luego otro más, es obvio e inevitable que tarde o temprano llegaré a mi destino.

Y, 2. El miedo es aire. Hay un miedo de supervivencia

que es absolutamente natural y necesario y al que no me refiero, hablo del miedo a que suceda algo que nunca sucede. Ese miedo es aire y he de aprender a no preocuparme por una expectativa cuando es prácticamente imposible que ocurra. El fracaso y el miedo sólo existen en mi mente y no es inteligente darles espacio. Al principio parece algo antinatural pero, como todo, es cuestión de entrenarlo. Cuantas más veces los ignore, más cerca estaré del control de mi experiencia vital y de mi objetivo.

Si no conduces tu cerebro, otro lo hará por ti.

Siempre hago negocios divertidos

Por favor. ¡A jugar!

Para mí, emprender es jugar, divertirme y aprender, cosa que es obviamente imposible si no realizo una actividad que suponga para mí una «experiencia de la hostia».

Los tres motores que han creado un mundo globalizado basado en el conocimiento son: la tecnología, las «empresas» (entendidas siempre como un proyecto nacido de la mente de un individuo) y los valores, donde las certidumbres desaparecen y hacen que ya no nos comprometamos de por vida con casi nadie, independientemente de quién sea o qué haga. Ahora que ese compromiso del pasado no existe, buscamos, comparamos y compramos. La filiación de larga duración ha muerto y en su lugar tenemos la promiscuidad basada en la posibilidad de elección: de dónde vivir, en qué trabajar, qué estudiar, cuánto dinero ganar o «simplemente» cómo dedicarse a ser. ¡La libertad total!

Aunque también es verdad que la mayoría no se percata, o no puede percatarse de ello. ¡Sí! Hoy en día todo es posible, solamente hay que saber qué quiero, hacer un plan, dar el primer paso y entrenarse para enfrentarse al cambio y a la incertidumbre.

La mayoría de la gente entra y participa en grupos (desechando su individualismo natural y abrazando «contra natura» el colectivismo inservible), con la idea de eliminar la complejidad y la incertidumbre de sus vidas cotidianas, sin darse cuenta de que lo que *a priori* elimina la duda en sus vidas, a largo plazo resulta altamente perjudicial para la salud mental. La duda y la procrastinación son dos rasgos de inteligencia y la muy humana característica de querer evitar la incertidumbre por cualquier medio acaba abocando a la persona en cuestión a ser un individuo fácilmente manipulable. Ante una situación cómoda, o incierta, lo mejor sin duda es elegir la segunda, que es en la única en la que se aprende algo.

En el mundo de los negocios y del dinero existen una gran cantidad de esquemas, modelos y creencias según los cuales la reducción de la incertidumbre forma parte del día a día. A mí personalmente no me gusta intentar paliar la incertidumbre, fundamentalmente porque es del todo imposible.

La vida se autodirige, pasará lo que tenga que pasar y no podré controlarlo, lo único que podré, y ya lo he dicho, es adaptarme a lo que pase. *Las cosas nunca suceden como quiero que sucedan, sino como suceden.* Dejo que la vida transcurra por donde debe, espero y cuento hasta diez antes de hacer algo, porque muchas veces alguien «abre la boca» y soluciona la duda. Aunque en realidad es cuando tengo que enfrentarme a la duda cuando mis capacidades realmente mejoran. Por el contrario, cuando percibo la certeza, la realidad que encuentro suele ser irrelevante y deprimente. Todo está en proceso de cambio y yo soy el único elemento estable que debo tener claro qué quiero y buscar siempre negocios que sean divertidos.

Cambiando el «chip» que traigo de fábrica

Es obvio que si mantengo mi forma de pensar de siempre no podré obtener resultados diferentes y mejores. Por ello, aquí dejo algunos de los conceptos que me sirvieron en mi cambio de esquema mental.

Estoy solo, debo aprender a conocerme y tratarme con mimo y esmero, me necesito, obvio el exterior y hago por mí mismo, me enfoco en usar mi tiempo para transformar mi idea en dinero siendo consciente de que en la vida nada permanece ni se garantiza, aunque la sociedad no esté preparada, practico la sinceridad radical que sólo tiene que ver conmigo y nada con los demás, mis pensamientos son previos a mis emociones y no son más que una propuesta de mi cerebro para «capear» una situación concreta de mi vida que sólo tengo opción de asumir, nunca obligación, siento lo que pienso y mis pensamientos se basan en mi experiencia pasada, mi objetivo y mi genética. En la vida puedo confiar o temer, y siempre elijo lo primero, la memoria falla mucho y el cerebro miente más que habla, razón por la cual el recuerdo compuesto de imágenes muertas que me ofrece mi cerebro no tiene capacidad para dirigir mi vida y sirve de poco; los pensamientos son de usar y tirar pero, ¡ojo!, ya que si acepto uno la posibilidad de que el cerebro me lo vuelva a proponer es muy alta, el cerebro no distingue entre realidad y ficción y sobrerreacciona la mayoría de las veces, vivo la vida, actúo, no pienso mucho y no me estreso, ya que el cerebro, igual que la respiración, funciona solo, tengo un sentimiento innato de querer dirigir mi vida y lo haré aunque me resulte incómodo, al nacer era libre y es justo ahí a donde me dirijo, ya que sin libertad individual no hay crecimiento personal, para ser bueno en algo debo aprender la técnica y repetirla muchas veces para conseguir un objetivo que merezca la pena, haciendo siempre justo lo contrario de lo que hace la mayoría, que es el camino más sencillo para llegar allá donde mi mente imagine, sé que nadie es mejor que yo para vivir mi vida y que no puedo ser el mejor siempre y en todo, aunque los ganadores nos elijamos a nosotros mismos y tengamos una obsesión casi patológica por aprender y mejorar, aceptando mis vulnerabilidades como parte de mi esencia para convertirlas en fortalezas y así disponer de un arma más para lograr lo que quiero sin ponerme caretas ante nadie, mostrándome como realmente soy ya que la autenticidad siempre es seductora. Comunico con pasión yendo siempre con mi marca personal por delante (auténtica, vital, potente y clara), siendo dueño de mi historia, abrazando la incertidumbre, usando mi intención sin quejarme ni excusarme, sin expectativas (con las que sólo se puede empatar), sin comportarme como se espera de mí, sino como quiero y manteniendo mi sentido de importancia a cero.

Dejo de pensar y ¡ACTÚO!

Actuando se falla, actuando se aprende. Y si aprendo y no me paro, el fracaso ni aparece ni se le espera. El éxito no es casual, el fracaso tampoco.

Quedarse quieto nunca proporciona rédito, la vida es movimiento, crecimiento y expansión. *¡Los osos hay que salir a cazarlos!*, no me esperan y me muevo en su busca, ya que a mí lo único que me da «miedo» es el aburrimiento.

12

La privacidad

> Nuestro enemigo, supuestamente nada sofisticado, se ha dado cuenta de que lucha contra gente del futuro. Su táctica es tan brillante como irritante. Si vives y te comportas como si estuvieses en el pasado, a la gente del futuro le cuesta mucho verte: tiras el teléfono móvil, apagas tu correo electrónico, das las instrucciones cara a cara, mano a mano, desprecias la tecnología y te pierdes entre la multitud. Sin banderas ni uniformes.
>
> Discurso inicial de RUSSELL CROWE
> en la película *Red de mentiras*

La discreción es un arte que al principio exige un gran esfuerzo que se acaba convirtiendo en una rutina que se torna en algo inconsciente y de gran valor.

La privacidad se ha convertido en un bien tan escaso

como el tiempo de vida, actúo en consecuencia intentando ponerme en la posición de «como si siempre me estuviesen observando». Pienso y comunico como si alguien me estuviese espiando por un agujero en la pared y grabando todas mis conversaciones. Bloqueo el acceso y tengo sumo cuidado con a quién permito entrar en mi «círculo». Nunca lo pongo fácil, sólo aquellos que «me muevan» tendrán una copia de la llave de mi «fortaleza».

Quienes renunciarían a una buena parte de su privacidad a cambio de un poco de comodidad no merecen ni la una ni la otra.

13

El «VeganFlex»

La longevidad consiste en evitar la inflamación,
comer poco, moverse y pasar un poco de frío

En primer lugar, y para que quede claro, aquí no encontrarás ninguna relación con los veganos ni con el veganismo.

Mi objetivo en este capítulo es explicar que si realmente quiero convertirme en un individuo emprendedor de éxito es vital mantenerme en buena forma.

Mi cuerpo es una máquina precisa, delicada y potente, que necesita de toda mi atención, mimo y cuidados, y nunca ser maltratado. Así que tengo que «ponerme las pilas» y comenzar a cuidarlo, ya que si no lo hago será realmente complicado mantener el ritmo de «entrenamientos y partidos» que tendré que disputar. ¡No puedo poner excusas!

Cualquier persona, entre las que me incluyo, puede desde cualquier punto de partida, por muy «patético» que éste sea, mejorar y ponerse en la forma física y mental adecuada para asumir el reto. ¡Querer es poder!

Me va la vida en ello, y si quiero vivir como un emprendedor profesional no tengo otra alternativa. He sido jugador de baloncesto de élite y emprendedor profesional, sé de qué hablo.

Es mi obligación cuidar mi cuerpo y hoy en día es lo que hago, pero no siempre fue así, como ya sabéis. En el verano de 2016, cuando pesaba 106 kilos, tuve un pequeño «problemilla» de salud y decidí «ponerme las pilas» con el objetivo de bajar veinte kilos. Para ello, estudié mucho y diseñé el llamado «VeganFlex», con el que bajé 23 kilos en 77 días sin hacer nada de deporte ya que mi maltrecho cuerpo no me lo permitía.

Sí. Ya oigo el murmullo de «vaya salvajada». Quizás lo fue, pero así fueron las cosas y no voy a mentir.

Tras aquel verano «retoqué» y mejoré el «VeganFlex» (conjunto de normas sobre mi sueño, movimiento y nutrición) con nuevas ideas que me hicieron comprender que cualquier cambio que quisiese realizar debía empezar (sí o sí) por el plano físico. Además, no sólo es como tiene que ser, sino que es la manera, aunque parezca lo contrario, más sencilla de hacer una transformación global del individuo. En mi caso, cuando pesaba lo que pesaba (me duele volver a poner la cifra), comía, dormía, pensaba, vestía y mi cuerpo se movía de una manera horrible, zafia y torpe, ése era mi yo del pasado, al que ya apenas reconozco y hace tiempo que «enterré».

En aquel momento decidí comenzar el proceso con el único objetivo de bajar unos kilos, pero como ya he comentado anteriormente, lo que realmente ocurrió no sólo fue algo diferente a lo planeado, sino que además rompió todas mis creencias, paradigmas y esquemas mentales. Al conseguir el objetivo, me di cuenta de que me movía de otra manera, obviamente comía diferente, sentí la imperiosa necesidad de cambiar mi forma de vestir y mi imagen por completo, dormía mejor y sin roncar y pensaba con una rapidez y claridad mental «extraterrestre».

Axioma. Cualquier cambio de vida que quiera realizar comienza por un cambio físico, que «sin comerlo ni beberlo» me llevará a un cambio completo de mi esquema mental (forma de pensar) y por tanto de mi vida. Ahora ya sé que si decido cambiar mi cuerpo, por la razón que sea y «por el mismo precio», cambiarán muchas más cosas de las que imagino, saberlo es un placer, porque aunque el comienzo es difícil (no demasiado duro), las mejoras son tan rápidas que convierten al proceso en algo completamente adictivo.

Cuando lo conseguí, dejé de ser yo y me transformé en ¡Errol Flynn!

¡Es broma! Si me tuviese que reencarnar y puestos a elegir, preferiría el cuerpo de Mark Spitz.

Comparto ahora el «VeganFlex»: método simple y altamente efectivo.

¡Duermo como un bebé!

¿De qué me habría servido levantarme temprano durante seis años, estudiar asignaturas que no me interesaban lo más mínimo, para acabar consiguiendo un trabajo «fijo» que hubiese arruinado mis talentos?

Dormir bien es vida, es un objetivo en sí y de una importancia de la que mucha gente no se percata. En mi caso, ¡quién me ha visto y quién me ve!, a las 18 horas apagó el ordenador y «desenchufo» mi mente de la vida, y no vuelvo a mirar ninguna pantalla hasta el día siguiente (hace veinte años que no tengo televisión). A las 22 horas, como máximo, me acuesto, dormir bien adelgaza (y mucho), ya que cuando mi cerebro está en la posición RND (red neural por defecto), como es el caso cuando duermo, consume muchos recursos para poder realizar su eficiente «trabajo nocturno», como cuando me da cada mañana la respuesta al problema planteado la noche anterior en el *post it* amarillo.

Nota: En el capítulo *Tiempo. Decisiones. Dinero*, explicaré mi cronograma con más detalle.

Necesito movimiento moderado

En mi vida he hecho mucho deporte y puedo decir, con conocimiento de causa, que, como tal, es claramente negativo para mi salud y longevidad.

El movimiento moderado sí es positivo, hacer en cada etapa de la vida el movimiento que le «conviene» a mi cuerpo y no el que «me dicen que es mejor» también es positivo, y merece la pena prestar atención a todo ello.

No hago deporte, hago ejercicio moderado. En mi caso y cada día: por la mañana nado 2.500 metros y me doy un baño turco, y por la tarde hago ejercicios de calistenia y estiramientos. *La vida se mueve permanentemente y yo me muevo con ella.* Sin pasarme de la raya, hago ejercicio y nunca me paro, ya que el estatismo es el principio del fin. Con mi marca personal me «entreno» y vivo como quiero, nunca como quieren los demás. Ésa es la diferencia que define mi estilo y marca mi resultado.

¡Nunca como «basura»!

De igual manera que a un coche de gasolina nunca le «doy de comer» diésel y a un niño no le doy a beber una botella del mejor vodka ruso, yo tampoco acostumbro a comer mierda, como por ejemplo: azúcar, lácteos, embutidos o cualquier ultraprocesado. A mi «máquina» le pongo «buena gasolina» para que funcione a la perfección y me dé el mejor servicio posible. Soy consciente de que he maltratado a mi cuerpo en el pasado y él me ha respondido sirviéndome con total fidelidad. A partir de hoy me comprometo a cuidarlo y mimarlo durante los 43 años que me quedan por vivir hasta llegar a los 100.

¿Qué como habitualmente?

Siempre

- Verduras (todos los días de la semana): lechuga, tomate, cebolla, pepino, brécol, romanescu, coliflor verde, ajo, aguacate, zanahorias, pimientos del piquillo...
- Aceite de oliva virgen extra.
- Frutos secos: almendras, avellanas, nueces y pipas.
- Pescado (dos veces a la semana): lubina, dorada, besugo, corvina, cocochas de bacalao, bonito del norte, boquerones o sardinas.
- Legumbres (tres veces a la semana): alubias, lentejas y garbanzos.

- Moluscos: mejillones, almejas y alguna que otra ostra.
- Cefalópodos: pulpo y chipirones.
- Bebidas: agua, café y vino tinto.

Con moderación

Arroz, pan, pasta, patatas, carne, fruta y huevos.

Nunca

Alcohol (salvo vino tinto), ultraprocesados, cereales, lácteos, embutidos y azúcar.

En mi casa siempre cocino yo y nunca en toda mi vida he pedido «comida a domicilio», como una vez al día (13 h), verdura y proteína (vegetal y animal) y ceno un café solo descafeinado (20 h), obviamente puedo hacer un «esfuerzo» si tengo invitados a comer (casi nunca a cenar), me encanta la cerveza y la he dejado, el sábado es mi día libre, en el que me permito uno de mis platos favoritos (arroz con claras de huevo). Teniendo en cuenta que ayuno durante 23 horas al día y que no como (casi) ningún carbohidrato de absorción rápida, mi cuerpo se ve obligado cada día a comer grasa para funcionar (lipólisis) y a «comerse a sí mismo» para regenerarse (autofagia), con lo que llego a un estado de lucidez realmente acojonante. El «VeganFlex» sirve para que mi «máquina» esté siempre a punto para entrar en acción, rinda al máximo nivel y no pierda el control con facilidad. Además, hago un ayuno de 48 horas a partir de la comida del domingo y uno de cinco días al principio de cada mes.

Hasta aquí lo que suelo hacer habitualmente. Nada más.

Y puedo garantizar que mi cambio físico y mental ha sido radical y muy positivo. Y, otra cosa: ¡Es vital mantener el índice glucémico bajo!

¿Qué es el índice glucémico?

El (IG) es la medida de la rapidez con que un alimento eleva mi nivel de azúcar en sangre. Sólo aquellos alimentos que contienen carbohidratos tienen un IG. Los alimentos con un IG bajo aumentan lentamente los valores de glucosa en sangre, lo cual es positivo para mi cuerpo. Lo contrario es negativo.

14

Planificando «lo justo»

La victoria ama la planificación

La vida trata, además de otras muchas cosas, de solucionar los problemas que se me presentan en el camino. Y para ello «mi yo del pasado» solía diseñar planes para todo y a lo largo de mi vida he planificado todas las reuniones y operaciones en las que he participado, que son muchas.

Y ninguna, cuando digo ninguna es ninguna, ha salido como lo había planeado, esto unido a que sé que como máximo puedo controlar el 0,5 por ciento de lo que ocurre en cada situación de mi vida y que las decisiones casi nunca son tomadas por el cerebro consciente, me llevó hace nueve años a tomar una drástica, dolorosa y eficiente decisión. A partir de ese momento, ¡planificaría lo justo!

Sinceramente estoy muy orgulloso de haberla tomado y sobre todo de los resultados con ella obtenidos de cara a una clara mejora en mi calidad de mi vida. Hoy en día decido despacio, uso muchas veces el «no me interesa» y me dejo llevar por mi intuición, lo que ha elevado considerablemente mi ratio de aciertos comparando con mi época «multitarea», en la que decidía sin parar pensando en que mañana sería el fin del mundo, o que alguien fuese a robarme mi plato de *vaianeia* de la mesa.

Y aunque me costó mucho tiempo entenderlo, fue un interesante ejercicio para aprender a estar más atento a cada nueva situación. Aunque todo esto sea claramente así, sigue siendo mi obligación y parte vital de mi entrenamiento planificar cada una de las reuniones o encuentros (que cada vez son menos) con otros seres humanos teniendo la certeza de que nada saldrá exactamente como planifique. ¡Sí! A pesar de todo, debo seguir planificando para conocer bien el terreno en el que me muevo y los puntos de vista de mi oponente, y así estar preparado para improvisar y usar mi intuición. Ahora afronto las negociaciones con total desapego y me digo: «Haz lo que puedas y ya, si eso, ahí vamos viendo».

Cuando negocio sin tensión, o sin que se me note que la tengo, todo resulta muy sencillo. Puede parecer una tontería pero no lo es.

Me gusta ganar y por ello hoy en día planifico «lo justo».

Negociar es sin duda una de mis «experiencias de la hostia», equiparable a lo que supuso en su momento el baloncesto. Y como no se me da «mal del todo» me animé a crear el proyecto crack.global para poder hacerlo para terceros y así poder «jugar» muchas veces y durante mucho tiempo, lo que confirma una vez más lo que vengo repitiendo machaconamente desde el inicio: *Haz algo que te guste y no volverás a trabajar nunca.*

También es importante que deje de quejarme hoy mismo y grabe en mi mente lo antes posible *que el éxito nunca es un «qué» sino un «quién»*, y que todo lo bueno, o malo, que me suceda dependerá de mí y nunca del exterior.

Y aunque decida «lo justo», nunca me dejaré intimidar por lo que no sé, haré siempre las cosas diferentes a la mayoría y pensando en ganar (nunca en perder) y sabiendo que la derrota es innovadora y la victoria conservadora. Mantengo una visión global aun sabiendo que no conozco todos los caminos, no escucho las críticas, ya que sé que no puedo influir en ellas, sé que la mediocridad no conoce nada superior a sí misma y que, sin embargo, el talento reconoce inmediatamente al genio.

En mi vida sólo me interesa aquello sobre lo que puedo influir, el resto no.

Si alguna rara vez me he encontrado en la situación en la que mi mente me dice que no estoy preparado para algo: ¿Qué hago? ¡Me preparo!

Si quiero ganar debo cambiar mi estrategia, por ello decido lo justo y me gusta negociar. ¡Negociemos pues!

15

Dejando que «me» negocien

> Si tu enemigo es superior, evítale. Si está enfadado, irrítale. Si estás igualado, combate. Y si no, reposa y recapacita.
>
> Sun Tzu

Me gusta comunicar y me pirra negociar.

La solidez personal se mide por la cantidad y calidad de los acuerdos y fiascos que me han acompañado en mi vida. Y para negociar debo convencer, y para convencer debo comunicar bien. Es decir, y por este orden: comunicar, convencer y negociar.

A la hora de aprender a comunicar, como en todo en la vida, nadie nace aprendido y no puedo pretender ser *per se* el mejor comunicador del mundo, debo iniciarme en el aprendizaje de la comunicación con humildad y entrenar todo lo que pueda, ya que de ello depende el éxito en mi vida. Si no comunico bien no llegaré a ningún objetivo que merezca la pena. Debo entrenar. ¡Sea como sea!

¿Qué es la comunicación? Es la manera en la que me relaciono, convenzo y negocio. En toda comunicación (directa o indirecta) se negocia, porque el ser humano es un *Homo economicus* de los pies a la cabeza. En la comunicación todo depende de la calidad de las preguntas que sea capaz de formular, de cómo me retroalimente de las respuestas recibidas, de cómo conteste a las preguntas que me formulen y de cómo todo ello nos amalgame a las partes.

En el colegio me enseñaron que la comunicación consta de emisor, receptor, lenguaje y mensaje, y es así, y donde efectivamente debo poner toda mi atención. Todo pensamiento se transforma en palabras y la direccionalidad y combinación de éstas marcarán la calidad de mi éxito o fracaso. En la vida hay muy pocas personas que comuniquen con direccionalidad, como se puede comprobar mediante la simple observación en la calle, el trabajo, el bar, la política e incluso en los medios de comunicación. Unos balbucean, la mayoría habla y pocos comunican.

Trabajar la comunicación y llegar a usarla bien es también una manera de detectar mentiras en mis interlocutores, cuestión nada baladí en el emprendimiento y en la vida.

Con una comunicación eficiente, convenceré, me comprenderán y me comprarán. Sin ella, tendré la vida más árida y tediosa que pueda imaginar.

Abro la boca y convenzo

La comunicación es el arte de hacerse entender y la simplificación es el atajo del buen comunicador para llegar con más rapidez al cerebro del interlocutor, es la síntesis necesaria para llegar a la esencia. Las personas que mejor comunican son aquellas que tienen algo interesante que contar y se explican con sencillez y claridad, transformando en simple lo complejo.

Muchas personas piensan que cuando hay mucho en juego la comunicación debiera ser más grandilocuente, ampulosa y compleja. ¡Nada más lejos de la realidad! La comunicación deber ser siempre simple, precisa y directa, nunca repetitiva, con el único objetivo de que se me entienda ya que la gente sólo acepta y «compra» aquello que comprende. Por ello, los buenos comunicadores son aquellos que convencen haciendo de la comunicación el «misil» que penetra en el cerebro ajeno, colocándose siempre al nivel «mental» del interlocutor, estableciendo contacto «como se debe», por calidad y no por cantidad. Para ponerme a la altura del interlocutor siempre tendré que bajar mi nivel, y es ahí donde «arrasaré». Porque si cometo el común error de ponerme por encima, sin duda daré una exhibición, pero mis ideas no harán sino «sobrevolar» la cabeza de mi interlocutor sin hacer diana y sin conseguir que comprenda nada de lo que digo (que es lo único que me interesa), lo que resultaría una completa pérdida de tiempo y energía. Sólo lo concreto motiva, y así es como debo comunicar.

La palabra es el sonido y representación al exterior de mi pensamiento, razón por la cual es tan importante saberla conducir y controlar, estando atento a lo que digo, a por qué lo digo y a cómo lo digo. Todo ello es lo que marcará la diferencia definitiva entre mi presente y mi futuro.

Negocio siempre que puedo

Negociar es de una importancia capital y de mala fama entre personas poco informadas y de cultura media, cuestión que no alcanzo a comprender, ya que es la primera «materia» en la que nos instruyen nada más nacer. Como he dicho, a mí me encanta negociar pero «sin que se me note mucho». La paciencia, el uso del conocimiento, la intención y el manejo del tiempo son habilidades que hay que entrenar por cualquier negociador que se precie.

Entrenando antes de negociar

Debo dominar el tono (resultado de la tensión, el volumen y la orden que mis neuronas envían a mis cuerdas vocales), que constituye mi música, única e intransferible. Debo controlar en todo momento: qué, cómo y por qué digo lo que digo, eligiendo las palabras precisas, leyendo todo lo que pueda para familiarizarme con el uso de las palabras que le gusta escuchar a mi interlocutor, ya que sólo así tendré la certeza de que presta real atención a la música de mi voz.

Recibiendo y enviando. Por el oído penetran los sonidos, los deseos, los conocimientos y las desgracias. Por la boca, expreso, susurro, chillo, canto, gimo, río, lloro, rechazo, babeo, prometo, invito, siempre me «meto» en líos y es el «arma» usada por un líder nato para transmitir con entusiasmo su mensaje, es la vía para entenderse o alejarse de alguien, para saber dónde estoy, conocer bien a quien tengo «enfrente» y saber qué quiere, porque es a él a quien tengo que convencer de que me entregue pacíficamente lo que quiero. La suma entre el querer de uno y el ceder de otro siempre acabará resultando un equilibrio entre la supervivencia y la conveniencia, por tanto, no debo ofuscarme en hacer una exhibición de mis capacidades personales, ya que mi contrincante también puede «mostrarme» su armamento: dinero, poder, belleza, talento, orgullo, astucia, juventud, solvencia, experiencia, serenidad e incluso su brutalidad y/o idiotez, o, con frecuencia, ambas a la vez.

Comunicar «bien» es la parte más importante.

¿Cómo aprendo a comunicar? Leyendo, escribiendo y entrenando mucho, colocándome desnudo ante un espejo (a poder ser de cuerpo entero), declamando los puntos de un *speech* e intentando convencerme a mí mismo de algo. ¡Ojo! Es un ejercicio brutal que da unos resultados increíbles. ¡Créeme! Si soy capaz de hacerlo en esa circunstancia, soy capaz de cualquier cosa.

El orden que hay que seguir sería: comunicar bien para hacerme comprender, convencer, negociar, conseguir que me compren y ganar dinero. ¡Quién da más!

No es lo mismo llevar un coche, conducirlo o pilotarlo, y tampoco es lo mismo hablar que comunicar.

¿Qué es realmente vender? Ser capaz de que un esquimal te compre una máquina de aire acondicionado. ¡Eso es vender! Lo demás son tonterías.

Para comunicar debo aprender a realizar preguntas directas, claras, molestas, correctamente formuladas y que «pillen» desprevenido al interlocutor. Es necesario preguntar siempre teniendo un objetivo concreto, incluso sabiendo la respuesta. Y, ¡por amor de Dios!, nunca hacerlo sin interés ni preguntando por preguntar. Responderé como si estuviese en un examen, a todas las preguntas que me formulen y exigiré dos cosas, con la mayor suavidad posible, o sin ella si fuese necesario: 1) Que me reformulen todas aquellas que considere que están mal construidas, si realmente quieren que se las conteste. Y 2) Que contesten a las mías.

En el simple «juego» de preguntas/respuestas previo a cualquier negociación se ve con meridiana claridad de qué «palo» va cada uno, en qué nivel está y «de qué pata cojea». ¡Debo estar atento a todo ello!

Si presto atención a todos los aspectos de la comunicación y dejo de «balbucear» como una vaca, conseguiré todo lo que me proponga en el mundo del emprendimiento y en la vida, ya que: ¡Convencer lo es todo!

Todas estas «cosillas» me acercan un poco más a ser el buen comunicador que merezco.

¿Cómo me comporto cuando negocio?

Antes de empezar una negociación, siempre debo estar dispuesto a perder (aunque ocurra pocas veces), ya que «perder» es una cuestión altamente subjetiva, una sensación y nada más. Una negociación ni se gana ni se pierde, sólo se transforma, pero conviene dejar de lado para siempre las expectativas previas, ya que con ellas el mejor resultado posible es el empate. A una negociación hay que ir bien preparado y con absoluto desapego al resultado, si así lo hago y no pretendo conseguir siempre el máximo posible (aunque finalmente lo pudiera conseguir), tendré la sensación de salir victorioso de todas ellas. Antes de empezar cualquier negociación debo saber dos cosas: «¿quién quiere qué?» (mi oponente) y «¿qué quiero yo?».

Obviamente puedo comenzar una negociación sin saber muy bien qué quiere mi oponente y es pasable, pero bajo ningún concepto puedo empezarla sin saber qué quiero yo, porque una negociación consiste en conseguir lo que quiero, aparentando que ha sido el adversario quien ha ganado, siendo el artífice de que todo haya llegado a «buen puerto».

¿Qué quiero yo? Tengo claro que quiero conseguir mantenerme firme aunque «me tiemblen las canillas», sabiendo que no pasa nada si no consigo lo que quiero y estar preparado para atacar y defender, teniendo siempre en cuenta hasta dónde estoy dispuesto a ceder.

Antes yo era un negociador «aparentemente» agresivo. Ahora creo que soy un negociador «más suave», aunque mi amigo Víctor no esté de acuerdo y diga que sigo siendo un *killer*.

¡Para negociar! Resumen

El día que toque negociar, sea cuando sea, intentaré escuchar más que hablar, y cuando hable, hacerlo bien, con precisión, buena pronunciación, tono, cadencia, direccionalidad, sin decir la primera tontería que se me pase por la cabeza, siendo directo y siempre educado, eficiente, usando la «técnica del espejo» (adaptándome a los movimientos y palabras del interlocutor para aprender qué quiere y dárselo), facilitando las cosas al máximo sin hacer excesivas concesiones, ganándome su simpatía sin juzgarle, comprendiéndole, demostrándole que en ese momento es la persona más importante de mi vida y a la que dedico toda mi atención, dejándole que lleve la iniciativa y que sea él quien «me» negocie, sin hacer nunca la primera oferta (salvo que sea ridícula y vergonzosa), buscando siempre su «no» por respuesta (señal inequívoca de que voy por el buen camino) y sin querer recibir un «sí», que si no viene acompañado de un «cómo», no sirve para nada y es una birria.

Pase lo que pase, aunque esté «cagado de miedo», me muestro seguro y sin que me vea sudar el enemigo, sobre quien me informo antes de empezar a negociar y a quien, si no sé nada, le pregunto directamente: «Oye, ¿tú quién eres?, ¿y qué quieres realmente?». Dos impactantes y sorpresivas preguntas sobre las que al interlocutor le resultará difícil mentir. Nunca cometo el error de ponerme en su lugar pensando en qué debiera desear en el supuesto de que yo fuese él, porque «si mi abuela tuviera cojones sería mi abuelo, pero no los tiene».

Nunca intento adivinar qué quiere y por ello siempre pregunto, mantengo una postura relajada y diferente a la del resto, dejando claro que aquí todos somos diferentes, uso a veces la técnica, tan útil como conflictiva, de mantenerme de pie cuando el resto están sentados, o al revés, hago una oferta «de pánico» (lo tomas o lo dejas) que deba ser contestada en un lapso de tiempo muy corto y sin tiempo para ser analizada (táctica efectiva que no interesa repetir con la misma persona ya que pierde su efectividad), nunca me dejo intimidar y si lo siento levemente, me levanto y me voy, aunque esté en una posición de inferioridad, ya que el impacto para el contrario resulta demoledor, por no esperado y porque el ser humano, salvo excepciones, no lleva bien las situaciones de conflicto, tampoco acepto jamás un cambio en las reglas una vez que haya empezado el juego, o un cambio de oferta de última hora, me aseguro de que una vez que el acuerdo es satisfactorio, acordar las indemnizaciones por incumplimiento o violación del contrato y que sean lo más altas posibles para que a ningún imbécil se le ocurra incumplirlo, dejando que los abogados redacten los contratos pero sin dejarlos nunca negociar y que, una vez redactados, leo, releo y corrijo hasta dejar el contrato con el lenguaje comunicativo que me gusta, lo que puede dar lugar a tener que negociar «un poco más». Uso siempre el *a contrario sensu*, con todo y con todos, nunca muestro excesivo interés en el resultado, no tengo miedo a una propuesta de «pánico» que se me presente, ya que casi siempre resulta beneficioso rechazarla y es una demostración de poder por mi parte, gano cediendo lo menos posible y soy paciente ya que siempre hay una segunda y una tercera oportunidad, y si no la hay tampoco importa, sé que cada negociación es diferente, nunca demuestro lo que quiero hasta el final y sólo cuando sé exactamente qué es lo que mi interlocutor quiere, sin embargo, cuando él ha hecho una concesión, la «muerdo» y, sin soltarla, exijo que se cumpla ya que la palabra dada «va a misa», y es un contrato válido que yo soy el primero en cumplir. Es entonces cuando, teniendo en cuenta «todo el teatro» que hemos hecho, hay que echar el resto.

Hago las negociaciones simples incluso cuando parecen complicadas, siempre les pongo un plazo, ya que no me gusta dedicar demasiado tiempo a nada, ni siquiera a estar hablando más de lo habitual con la misma persona, en cuyo caso hago que termine el plazo abruptamente y me piro, ya que en el 99 por ciento de las negociaciones no hay razón para que duren más de lo necesario. Cuando eso ocurre y siento que estamos «mareando la perdiz», me saco de la manga la «estrategia De Gaulle» (llamada así en honor del famoso general francés) y presento sorpresivamente una oferta cerrada (bien pensada por supuesto) del estilo de *o lo tomas o lo dejas y rápido*, lo que provoca que si aceptan mi propuesta, es lo que tenía que ser y he ahorrado tiempo, y si no la aceptan, querrá decir que, o quieren seguir «dando vueltas al manubrio», o directamente no les interesa, con lo cual también habré ahorrado tiempo. Lo que me lleva a concluir con una frase que nunca olvido: *En la vida, o hago lo que yo decido, o lo que decide otro.*

¿Qué prefiero? Pregunta anulada por tonta.

16

Tiempo. Decisiones. Dinero

La vida es tiempo, decisiones y dinero. Y mi objetivo, decidir hacer con mi tiempo lo que me dé la gana, para lo que necesito (algo de) dinero

Una vez que he decidido comenzar a moverme como si ya hubiese conseguido el objetivo, me dispongo a cumplir el «pacto» que firmé conmigo mismo haciendo hincapié en tres acciones de capital importancia: gestionar mi tiempo eficientemente, aprender a tomar decisiones y a saber cómo funciona el mundo del dinero, para ganarlo, no perderlo y hacer que trabaje para mí y crezca, mediante la inversión.

Y lo primero es dejar clara una «cosita»: ¡El tiempo es más importante que el dinero!, y si no entiendo y asumo la idea es harto complicado que consiga ganarlo. Es más: ¡Es imposible!

El dinero no me espera, y es sencillo de conseguir. ¡El tiempo es imposible!

Mi cronograma

No estoy acostumbrado a que me hagan perder el tiempo, pese a que es algo que siempre me ha sobrado.

La vida es corta y no tiene sentido malgastar ni un solo minuto de ella.

Vivo mi vida y no gasto mi tiempo en vidas ajenas. Mi tiempo es mío, lo uso como me place y soy muy escrupuloso en la observancia de este punto. Sé que la gestión del tiempo y lo que decida hacer con él marcará mi vida y la medida de mi éxito (aspecto que muy poca gente tiene en cuenta). Por ello necesito comprometerme en usarlo, única y exclusivamente, en acciones interesantes y de provecho que conecten conmigo y me acerquen cada día un poco más a mi objetivo. Ni más ni menos.

Es absolutamente necesario mantener un equilibrio en la relación tiempo/dinero y no relacionarme con personas que no me aporten nada. Por ejemplo, si alguien disfruta trabajando como una mula por el simple placer de tener más de algo que no necesita, es un idiota que no merece ser tenido en cuenta y de los que estamos rodeados. Es una tontería que me ponga a limpiar la casa por ahorrarme unos euros cuando alguien puede hacerlo por trece euros la hora. No sé la tuya, pero la mía vale «algo» más. ¿Te has parado a pensar cuánto vale tu hora? Calcularlo es un ejercicio realmente interesante para saber «dónde se está realmente». Te puedo garantizar que cuando tienes el dato, la visión y el enfoque sobre la vida cambian radicalmente y comienzas a preguntarte muchas cosas.

¡Tictac!, es el sonido del transcurrir de mi vida. ¿Qué prefiero, que sea aburrida o «una experiencia de la hostia»? ¡Pues eso!

Ideas sobre cómo organizo mi tiempo

Uso una agenda Smart Panda de semana vista que siempre está llena de colorines: azul (toda acción que lleve el sello de mi «marca personal»), rosa (acciones urgentes), verde (acciones importantes) y amarillo (acciones «basura» que muy a mi pesar tendré que hacer en algún momento). Al final del año, mi agenda es como un diario, fiel reflejo de todas las decisiones tomadas y realizadas durante el período. Desde hace veinte años guardo todas mis agendas, fiel muestra de todas mis «arrugas» intelectuales, aventuras, éxitos y fracasos que he protagonizado y de inestimable utilidad para corregir a mi mente cuando pretende, «tirando» de memoria, que falla «más que una escopeta de feria», exhibirse en alguna cena con invitados. Siempre cumplo lo anotado en mi agenda y me hago responsable si permito que algo, o alguien, me haga perder el tiempo.

¿Cómo es mi cronograma?

Me levanto a las 5.39, me ducho y tomo mi primer café, a las 6.00 me siento en «Rubik», me pongo los cascos, abro la agenda y repaso las tareas por realizar en el día, a las 6.29 pienso, escribo, diseño alguna operación financiero-fiscal que me hayan encargado, reviso las inversiones, pienso en hacer alguna nueva y compruebo si mi mente ha resuelto el problema planteado en el *post it* de la noche anterior antes de irme a la piltra, esos momentos previos al amanecer, en silencio, intimidad y soledad son mágicos. ¡Me encantan!

A las 9.00, nado 2.500 metros, me doy un baño turco y tomo unos minutos el sol si el día lo permite. A las 11.00 vuelvo a estar sentado en mi «sala de juegos»; suele ser en ese momento cuando tengo la mayor actividad del día (lo que muchos llaman trabajo), hago alguna llamada y me reúno con mi equipo por videoconferencia. A las 13.00 como y relax (hace siete años que no echo la siesta). A las 14.00 leo durante un par de horas de alguno de los cinco libros que tengo distribuidos por lugares estratégicos de la casa (en la cocina, en el sofá del salón, en la mesilla de noche, en la mesa del comedor y en el baño), cuando paso por alguno de esos sitios, me paro, cojo un libro y leo unas páginas, de ese modo, «pasito a pasito», suelo acabar leyendo dos o tres libros a la semana. A las 16.00 pienso y escribo. A las 18.00 doy por terminado el día, apago las pantallas y hago una sesión de calistenia y unos estiramientos. A las 18.30 me ducho y leo. A las 20.00 ceno un café solo descafeinado y continúo leyendo hasta que a las 21.00 hago el ejercicio del *post it* y a las 21.30 me acuesto con la firme intención de «desnucarme». Todo esto es así, salvo cuando viajo.

Gestionar bien el tiempo siguiendo un cronograma ordenado (siempre en papel), irse a la cama a la misma hora, madrugar, meditar, comer poco y mantener bajo el índice glucémico, realizar movimiento moderado, un baño turco al día, leer y escribir mucho (alimentos indispensables para mi cerebro), elegir bien las amistades (sin perder tiempo y cortando de raíz las tóxicas), tomar el sol durante unos minutos, comunicar de manera precisa cada vez que abro la boca, negociar y, sobre todo, emprender y aprender jugando. ¿Para qué más?

Tengo un cronograma y no voy a cambiar mis hábitos porque alguien se presente de improviso en mi casa, me envíe un *mail* o me llame por teléfono.

Todo simple y rutinario, pero siempre abierto a la incertidumbre y al cambio.

Soy un emprendedor y no hago distinciones entre días lectivos y festivos, el tiempo es el tiempo y si la actividad en la que estoy inmerso me resulta una «experiencia de la hostia», ¿por qué no disfrutarla también los fines de semana?

Organizar el tiempo es organizar TODO el tiempo. Si quiero tener éxito y conseguir aquello que quiero, vivir de lunes a domingo de la misma manera y sin distinciones es una gran estrategia. No tiene sentido, ni es divertido, vivir como un «funcionario» de lunes a viernes y «tocarse las bolas» los fines de semana.

El tiempo es el bien más valioso que puedo gastar: lo organizo y no lo pierdo.

Decido lo menos posible

Hoy soy fruto de mis decisiones del pasado y mis decisiones presentes, me acercan, o alejan, de mi objetivo, que si quiero conseguir, tendré que aprender a tomar decisiones con enfoque, claridad y dirección.

Mis decisiones son mías y quiero que lo sigan siendo. No puedo pretender ni esperar que alguien venga a «salvarme», porque eso es el principio de una relación de servidumbre que nunca trae nada bueno ni rentable. Todo lo que merece la pena es libre o salvaje. ¡Eso es lo que yo quiero!

A partir de cierto nivel de ingresos, que aparentemente conlleva el disfrute de ciertas comodidades, a la mayoría se les olvida que son animales que viven en «selvas urbanizadas», que ya no corren por el campo, se desplazan a toda velocidad en coche, tren o avión, viven en pequeños y caros apartamentos, pagan cantidades estúpidas por dejar el coche en un *parking* público cuando quieren ir a «tirar» el dinero en un nuevo restaurante de moda, compran objetos de mala calidad que no necesitan, degluten comida ultraprocesada y todo ello para seguir viviendo en la misma «jungla» donde impera la ley del más fuerte, mediocre, zafio o vulgar. No tengo muy claro cuál de los citados adjetivos es más preciso. Por ello, es vital elegir el entorno en el que quiero moverme, el espacio que reúna las mejores condiciones para vivir libre sin que me «coman» y donde sólo mi deseo de paz, temeridad o avaricia, o la aparición de algún «impresentable indocumentado» marcarán mis propios límites.

Hace tiempo que me quedó claro que mis decisiones las toma el inconsciente y no mi cerebro consciente, hecho que me costó aceptar en su día y que finalmente resultó muy interesante y rentable ya que no he vuelto a intentar encontrar la decisión perfecta (no existe), lo cual supone una liberación «orgásmica».

Mis procesos mentales son una combinación entre los

procesos conscientes e inconscientes que interactúan a la vez: la parte inconsciente gestiona el 90 por ciento sin molestar ni prestar atención a la consciente. El inconsciente es capaz de absorber simultáneamente más información que el consciente, lo que implica que el primero puede procesar a la vez más datos que el segundo, constituyendo un verdadero filtro de «importancia» que selecciona lo relevante para que el consciente lo use, obviando por completo el resto, e impidiendo que se sature con toda la «mierda» de información que hay a mi alrededor, ayudándome así a adaptarme al entorno. Al serme imposible estar atento a todo, mi inconsciente bloquea todo lo irrelevante.

Mi pensamiento (cerebro consciente) está constantemente divagando, dando vueltas a hechos sin demasiada importancia que tendré que ejecutar, sin centrarse en el presente, que es lo verdaderamente importante y de lo que se encarga el inconsciente, que además es quien me protege de cualquier peligro que aparezca y se encarga de focalizar la atención para poder reaccionar ante él. Si mi reacción ante un peligro dependiese de mi cerebro consciente, usaría el razonamiento, lo que implicaría una mayor flexibilidad y un retraso a la hora de actuar, sería flexible pero lento. Todos vivimos en el pasado ya que la información que recibimos en un momento dado, aunque creamos que ocurre en tiempo real, realmente tarda un tercio de segundo en ser procesada por el cerebro, lo que puede tener graves consecuencias a la hora de reaccionar ante un peligro de cualquier tipo, momento en el que el inconsciente reacciona y, si lo cataloga como un peligro, me prepara inmediatamente para la acción.

El inconsciente tiene también un papel vital a la hora de formarme una opinión sobre alguien en el momento en el que me lo presentan, con una capacidad increíble para clasificar las caras en categorías diferentes y específicas y generalizando sin darse cuenta. Tan sólo necesito un instante para ver una cara y valorar si la impresión que me da es confiable, competente o peligrosa. Aunque no se tenga la intención de juzgar es un proceso rápido y automático basado en la experiencia previa registrada por mi inconsciente, ya que cada vivencia ha dejado una huella en mi memoria inconsciente que influye en mi toma de decisiones al recuperar la información almacenada y que resulta instintiva y ajena a toda lógica.

Se ha demostrado que si debo decidir entre dos opciones, es mejor basarme en una sola buena razón que en tener muchas alternativas. Aunque pueda parecer que el disponer de varias opciones me da mayor posibilidad de éxito, el hecho de tener que valorar los pros y los contras de todas ellas requiere invertir tiempo y recursos, lo que lo hace ineficiente y demuestra que las decisiones instintivas son más eficientes que las racionales.

La intuición, arma de incalculable valor, se basa en principios simples que ignoran la información irrelevante, eligiendo entre una o dos buenas razones para tomar una decisión. En la vida cotidiana, en contra de la extendida creencia popular, nos guiamos más por la intuición que por la razón, resultando fácil caer en la creencia de que mi capacidad de raciocinio es la que dirige el día a día sin tener en cuenta que hay multitud de evidencias científicas que demuestran que es el lado inconsciente quien determina las decisiones y las acciones. El inconsciente es quien hace el trabajo sucio evitando que mi consciente se sature de información inservible y protegiéndome de mi entorno, mientras mi cerebro y yo «andamos» distraídos convencidos de que estamos «arreglando el mundo».

El inconsciente es la creatividad y quien crea las nuevas ideas, el cerebro consciente no crea nada en absoluto. En el inconsciente se encuentra el conocimiento que he ido adquiriendo a lo largo de mi vida aunque no sea capaz de traerlo desde allá donde se encuentre, ni en el momento que deseo, pero siempre está ahí, disponible y es lo único que necesito para vivir y conseguir todo lo que desee. La mayoría de las personas tienen adormecido este proceso, no son creativas y se convierten y comportan como vulgares copiones.

Como sé que mis decisiones las toma mi inconsciente, ya no me preocupo ni estreso por creer que tengo que tomarlas con la rapidez de antaño, sé que la vida se autodirige y simplemente espero.

Aun y con todo, nunca olvido que tengo el poder de elegir y cambiar las reglas, ni que estoy condenado a la libertad. Por ello me dejo llevar siempre por mi intuición, ya que el éxito no depende tanto de tomar buenas decisiones como de no tomar las peores.

Quien espera el mañana se pierde el presente y se pierde la vida. Y como no quiero perdérmela, decido lo menos posible y dejo que la red neural por defecto haga su trabajo.

El dinero no existe

Tengo unas normas y, si no le gustan, tengo otras.

GROUCHO MARX

Algo parecido me pasa a mí cuando pronuncio en público la frase que da título a este apartado. Nadie me cree e incluso me tachan de loco. Y como ya estoy cansado de tanto incrédulo, he decidido hacer caso al bueno de Groucho y cambiar la citada frase por otra diametralmente diferente que reza «El dinero es el producto».

Ahora sí. Ahora «siento» que todos me prestan atención. ¡Bravo! El captar la atención de una audiencia es el primer paso para convencerla.

Sigo pensando y sé que el dinero no existe, pero si la mayoría prefiere autoengañarse y seguir viviendo en el desconocimiento, no seré yo quien los saque de su error, sobre todo si puedo sacar beneficio de la situación, que es lo que me propuse hacer no hace mucho tiempo para conseguir que todo el dinero que llegase a mis manos, independientemente de su procedencia, se destinase automáticamente a dos tipos de «inversión», distintas entre sí, para generar beneficios mediante «El Bucle», sistema para «centrifugar» el dinero y conseguir que crezca sin fin.

a. ¿Por qué el dinero no existe?

Los billetes y monedas que circulan hoy en día no están respaldados por ningún activo tangible, decir dinero es decir papeluchos y basura, ínfima parte del dinero bancario, simples anotaciones ficticias en cuenta.

Lo que llamamos «dinero» no es más que el resultado de un pacto por el que un alto porcentaje de seres humanos admiten que unos determinados símbolos (monedas, billetes, letras, pagarés) significan riqueza, cuando en realidad ni se comen ni se beben: ¡No son nada!

¿Por qué el dinero no existe?

1. En el mundo hay una cantidad de dinero (X), del que una abrumadora mayoría es digital (un mero apunte contable), es decir, nada de nada.

2. El «nuevo dinero» no se crea imprimiéndolo, como la mayoría piensa, sino con el crédito concedido por los bancos (Y). Tras lo cual, el total del «presunto» dinero ha variado, ahora es de (X + Y).

3. Ahora tocaría añadir los intereses (Z), que Y (capital prestado) genera, con lo que la cantidad resultante estaría formada por: X (dinero inicial), más Y (nuevo capital prestado), más Z (intereses generados por Y). Es decir, (X + Y + Z).

Nota: Imagina por un momento que en (Y) esté incluido el capital correspondiente a las hipotecas concedidas por los bancos durante un año. Piensa durante un minuto, la «bola de nieve» que supone el nuevo dinero (capital más intereses) que se puede crear sólo en España y durante un año en la concesión de hipotecas. Luego, añade otro país y otro y otro... ¡Para! No añadas más que la cifra puede acojonar.

4. De todo ello, el único dinero que un banco está obligado a mantener en liquidez asciende (desde 2011) al 1 por ciento del total (llamado coeficiente de caja), mientras el resto (99 por ciento) puede ser prestado, y de hecho lo es, una y otra vez en una «orgía» sin fin de creación de intereses sobre intereses de dinero que no existe. Y me pregunto yo: «¿Existe hoy en día, todavía, algún incauto que piense que su dinero, el que "cree" que tiene en su cuenta corriente del banco, realmente esté ahí?». ¡No lo está! ¿Y sabes por qué? Sencillamente porque todo el dinero (X + Y + Z) no puede estar en ningún lado, ya que no existe. Razón por la cual, todas las deudas nunca podrán ser pagadas y no porque la gente no quiera, sino porque no existe el dinero suficiente. El problema radica en que todos confiamos en que estamos «jugando» con un número de fichas (X + Y + Z), cuando realmente sólo existe (X).

Todo este sistema provoca, amplificado por la incultura financiera general y no sé si intencionadamente o no, la «esclavitud» económica de esa población que no tiene, o no quiere tener, conocimientos sobre cómo funciona el «juego».

«El dinero no existe» y, a la vez, «el dinero es el producto» que todos persiguen como posesos. Y siendo así, ¿qué puede hacer un individuo emprendedor REZIA®? En primer lugar y siguiendo estrictamente el *a contrario sensu*: ¡No perseguir el dinero! Y en segundo lugar, obtener beneficio «proveyendo» (prestando) a esa ciega mayoría y en la medida de mis posibilidades financieras, con el objetivo de obtener importantes intereses. ¡Qué se le va a hacer, si lo ponen tan fácil!

b. ¿Qué es «eso» que llaman dinero?

El dinero es, en esencia, la medida de las elecciones de un ser humano.

El dinero es lo que separa el tener del no tener.

La mayoría de las personas tiene deudas en casi todos sus productos, ningún ahorro y nada para invertir. Sólo un pequeño porcentaje de la población está en disposición de «preparar» su retiro con unas mínimas garantías, lo que resulta imposible si en lo que se está pensando es en conseguirlo a través de un Plan de Pensiones o Jubilación, un engaño «legal» y una auténtica «bazofia» financiera en la que alguien que sepa sumar y restar nunca debería caer.

¿Qué me dice esto? Que «están» haciendo desaparecer la clase media de la población, lo que le resulta muy sencillo al «sistema», ya que la mayoría parece no tener interés en aprender cómo funciona realmente el mundo del dinero y, además y de manera sorprendente, la irrupción masiva de la tecnología en nuestras vidas está acelerando el abocamiento de la clase media (y de la que no lo es) al analfabetismo financiero y a la pobreza, ya que «usar» el dinero y todo lo que conlleva aparejado no implica que se sepa cómo funciona realmente el juego, lo que hace muy sencillo el hacer disminuir el poder adquisitivo de la población despojando de parte de su dinero a los miembros que no se han preocupado de aprender.

Es decir, la masa quiere el dinero, lo usa, tiene un smartphone en sus manos, lo que le otorga la oportunidad, a un solo clic, de acceder al conocimiento que les haga transformarse de analfabetos financieros a iniciados en el mundo del dinero, por lo menos para que no los engañen. Pero curiosamente no quieren, porque la verdad es que NO QUIEREN, hacer un pequeño esfuerzo para aprender cómo funciona el juego del dinero al que todos estamos obligados a jugar, y sin saber todavía a estas alturas de curso que con el dinero sólo se pueden hacer dos cosas: gastarlo o invertirlo. ¡Hay que ponerse las pilas!, y para ello sería interesante aprender a hacer dos cosas: gastar el dinero de manera inteligente y hacerlo crecer mediante la inversión. Si no: ¡No hay razón para quejarse!

¿Qué es el dinero? ¿Es una unidad pactada de intercambio de bienes y servicios? ¿Dos euros por una cerveza? ¿Doce euros porque me laven el coche? ¿Algo que me da seguridad, paz mental o felicidad? Bajo mi punto de vista, el dinero es la unidad de medida de las elecciones de un ser humano: paciente (buen gestor del tiempo), frugal (inteligente con el gasto) e inversor (sabe cómo hacer crecer el dinero que le llega a sus manos).

¿Qué tienen estas tres palabras en común? Que son formas de «ser» que cualquiera tiene la opción, que no la obligación, de adoptar para sí de manera sencilla, y el adoptarlas o no marcará la diferencia entre tener y no tener.

Hay una cuestión muy «curiosa» que me he encontrado en todos mi años de relación con el emprendimiento y el dinero y es la siguiente: Todos quieren el dinero, lo persiguen, hacen cualquier cosa para conseguirlo y cuando no lo consiguen y llevan dándose de bruces contra la pared una y otra vez durante años, todavía se preguntan: ¿Por qué no lo consigo? Muy sencillo. Porque para ganar dinero, y por supuesto mucho dinero, es condición *sine qua non* aprender cómo funciona el mundo del dinero, los impuestos y las inversiones. Y lo digo muy claro, si no se aprende sobre esos tres temas: ¡Es imposible emprender y ganar dinero con solidez y continuidad! ¡Imposible!

¡Bufff! Voy a descansar cinco minutos, porque me acaban de subir las pulsaciones sólo de pensar sobre qué me ocurriría si mañana el conocimiento y la experiencia que tengo sobre estos tres temas desapareciese.

Pasados los cinco minutos. ¡Sigo!

El dinero no es paz mental ni felicidad. La dura realidad es que el dinero que gane no depende de quién gobierne, ni de la marcha de la economía ni de cualquier otra cuestión externa a mí. El dinero que gane depende de entender cómo funciona el equilibrio entre el tiempo, las decisiones y el dinero.

Para algunos, el dinero es algo que se puede perder y por tanto no hay que arriesgar (craso error). Cuantas más personas piensen así más sencillo será ganarlo. Para mí el dinero, ya lo he dicho, es algo que no existe y a la vez es el «producto» de la actual economía (para otros), elemento vital de un divertido juego y nunca un fin en sí mismo.

Por muy presuntuoso que parezca, no todo el mundo tiene derecho a tener dinero, hay que atraerlo y «seducirlo», porque es muy «escurridizo» y para que se acerque a mí debo merecerlo. El dinero es tiempo, energía y vida. El aire es de todos, el dinero no. A estas alturas de civilización me resulta curioso que todavía hoy en día haya tantos tapujos para hablar con claridad sobre estos temas. ¿Por qué hay personas a las que aparentemente les recorre un escalofrío por el cuerpo cuando alguien habla sobre el dinero si es realmente a lo que todos aspiran? La hipocresía, la incultura y la mediocridad son otras de las razones por las que muchas personas no merecen tenerlo. Nunca olvido que sólo atraeré lo que emitan mis pensamientos.

No me gusta la gente hipócrita que está todo el día pensando en dinero (igual que todo «hijo de vecino»), pero se indigna y ofende cuando alguien habla del tema con total direccionalidad, claridad y apertura, por no hablar de aquellos que hablan sin saber nada del tema.

¿En quién me fijé yo cuando empecé en este «mundillo»? Única y exclusivamente en aquellos que habían conseguido exactamente lo que yo quería y de la manera que yo quería. Por ejemplo, puedo poner un burdel, una funeraria, ser un «vendehúmos del embudo», o un *youtuber* o *influencer* que vive de crear una polémica peripatética en las redes o de hablar de chorradas increíbles. Son maneras de emprender y ganar dinero que a mí no me sirven. Yo quiero ganarlo con una actividad que tenga las siguientes características y por este orden: 1. Que me suponga una «experiencia de la hostia», 2. Que tenga una ratio tiempo/beneficio razonable, y 3. Que la pueda realizar desde cualquier lugar del mundo, pagando los menos impuestos posibles y mientras viajo. Cualquier actividad que incumpla uno de los citados tres requisitos está eliminada de mi vida. No me sirve para nada ganar mucho dinero trabajando diez horas al día en una actividad que no me «ponga». ¿Por qué no? Porque después de muchos años «en la carretera», he aprendido cómo ganar el dinero que quiero realizando una «experiencia de la hostia». ¿Para qué voy a cambiar?

No me fijo en alguien sólo porque haya ganado mucho, cuestión absolutamente irrelevante y vulgar, ya que ganar dinero, lo que se dice ganarlo, es relativamente sencillo, pero lo que realmente importa es el cómo.

El dinero es necesario, y es una estupidez supina tanto renunciar a él como no aprender las normas del funcionamiento del juego, sobre todo si éstas están a mi alcance.

c. ¿Cómo invierto mi dinero?

Siempre de manera simple y atendiendo al «triángulo de inversión», formado por rentabilidad, liquidez y riesgo, al que debo confrontar cualquier inversión que esté pensando realizar. Es decir, que siempre debo preguntarme: ¿cómo es de rentable, líquida y segura esta inversión? ¿En qué lugar del triángulo de inversión se encuentra?

Teniendo en cuenta que hay «muchísimas» opciones de inversión, te dejo unos cuantos ejemplos para que practiques tú con otros.

Ejemplo 1: «El ladrillo».

Rentabilidad media-baja, ilíquida, seguridad alta.

Ejemplo 2: «El narcotraficante».

Rentabilidad y liquidez alta, riesgo máximo.

Ejemplo 3: Las acciones.

Rentabilidad media-alta a largo plazo, liquidez alta y seguridad media.

Ejemplo 4: Un negocio.

Rentabilidad alta y liquidez y riesgo medio.

Aunque hablaremos largo y tendido sobre la inversión en el capítulo «Ganando dinero mientras duermo», aquí va un adelanto.

Invierto el dinero mediante un sistema de inversión simple, continuo e intensivo en activos tangibles y rentables, y lo vendo en forma de préstamos (públicos y privados) a quienes creen fervientemente que «el dinero es el producto».

Es decir, al margen del dinero que gane con las ideas que me llevarán a conseguir mi objetivo y que veremos en el capítulo «¡Eureka! Tengo una idea», sigo pensando y diseñando otras maneras de ganarlo con el menor esfuerzo posible, maximizando así todo el dinero que llegue a mis manos, razón por la cual creé «El Bucle» para que, pase lo que pase, mi dinero (que no existe) esté siempre invertido (por poco que sea), «trabajando», produciendo, lejos de mis manos, sin pagar intereses y cobrándolos. Emprender y hacer «trabajar» el dinero generando interés compuesto es la manera más eficiente de obtener beneficios con el menor esfuerzo posible. O sea, y aunque me repita, si quiero ser un individuo emprendedor y libre, es obligatorio aprender sobre el dinero, los impuestos, la inversión y la comunicación efectiva.

Si no estoy «empollado» en esos temas iré por la vida a la «pata coja» mientras otros van en patinete eléctrico, es decir, que lo único que tengo que hacer es comprarme un coche del modelo que sea, siempre que corra más que un patinete eléctrico.

El dinero ni se gana ni se pierde, simplemente cambia de manos. Y para cuando llegue a las mías ya tendré decidido el destino para invertirlo y que trabaje intensivamente para mí.

¡Sí! «El dinero es el producto», me muevo para ganarlo, usando el menor tiempo posible y con mis ideas lo reinvierto, una y otra vez, en productos que generen ingresos recurrentes.

Porque el hecho de ser rico (define la palabra como quieras) es un derecho y no una obligación, porque el hecho de llegar a un objetivo no sólo es una cuestión de dinero o numérica, sino del grado de aprendizaje necesario para acceder a él, lo importante de ser rico no es el dinero, es el camino de aprendizaje continuo, virtuoso e interesante que debo recorrer para conseguirlo.

Lo que está meridianamente claro es que soy yo quien decide **quién** quiero ser, **qué** quiero hacer, **para qué** quiero hacerlo y **cómo** voy a conseguirlo.

d. Siempre me mantengo alejado de la deuda

En el pasado me endeudé y mucho, pero siempre intenté devolverlo lo antes posible ya que la deuda es una «china» en el zapato que me impide correr y me destroza el pie. Un individuo emprendedor no se endeuda, porque (casi) nunca es necesario hacerlo para llegar al objetivo. Si tengo una idea «decente» y soy un buen comunicador, en el supuesto poco probable de que necesitase financiación, la conseguiría. Sé que hay gente que no practica esta idea y se endeuda para comprar cosas que no necesita. ¡Allá ellos! Como me decía uno de mis mentores gallegos: *Si tienes dinero para comprar algo, ¿para qué quieres comprarlo?*

Me mantengo siempre alejado de la deuda porque sé que los intereses que genera en mi contra, junto con los impuestos, son las dos «mochilas» más pesadas que tendría que cargar durante el camino y hasta llegar a mi objetivo, siempre que yo lo permita, por supuesto. Y es obvio ¡que no tengo ninguna intención de permitirlo!

Por tanto, ¡presto atención!, no asumo deudas innecesarias y pago (legalmente) pocos impuestos.

e. ¿Cuánta liquidez «necesito»?

La liquidez es un activo, tiempo o decisión, convertible rápidamente en dinero. Vida, tiempo, activo, energía, decisión o dinero son la misma cosa. Hace unos años, hubiese dicho: «No pierdas liquidez bajo ningún concepto».

Hoy todo ha cambiado, he evolucionado y me digo: «Todo el dinero que venga a mí deber ser invertido rápidamente, manteniendo la menor liquidez posible».

¿Cuánta? Cada caso es un mundo. En el mío, la equivalente a mi gasto puro de uno o dos años como máximo.

f. El riesgo no existe

¿Es arriesgado tirarme al vacío desde el Empire State de Nueva York? Obviamente no. Si me tirase, tendría una cer-

teza absoluta de que me despachurraría. Y donde hay certeza, no hay riesgo.

El riesgo nunca es un qué, es un quién que está dispuesto a actuar y a perder, pero nunca cuando está inmerso en la acción. A la hora de actuar, pensar es contraproducente y me centro en desarrollar y mejorar mi habilidad en lo que hago, jamás pensando en que voy a perder, aunque sé que es parte del juego.

Sé que puedo perder y al final ganaré.

¿Qué es lo que hace perder a la mayoría? Pensar en el concepto «... y si pierdo».

Es totalmente paralizante y una pésima estrategia. Debo centrarme en el desarrollo de la habilidad, en el desapego y abstraerme del resultado. En el momento en que consiga que se convierta en un hábito, todo será «coser y cantar». El ser humano odia la incertidumbre y el riesgo, lo que constituye un rasgo de perdedor. He de moverme aunque pierda, ya que si no me muevo, pierdo seguro. Mire donde mire, la incertidumbre y el riesgo siempre estarán ahí, son inherentes a la vida y nunca podré controlarlos.

¿Te imaginas además qué aburrido resultaría saber de antemano que siempre ganaré y que nunca más tendría que forzar mi inteligencia para superar ningún reto?

El ser humano que intenta controlarlo todo pierde mucha energía y nunca lo consigue. Y todo por la sencilla razón de que es imposible.

En la vida nadie conoce el futuro, y el éxito está en adaptarse y hacer del «desapego al resultado» mi estandarte.

17

¡Nunca toco la campana!

Dedicado a Elena Díez Abarca

No retreat, baby, no surrender.

BRUCE SPRINGSTEEN

¿Eres de los que se rinden a la primera de cambio? Seguro que sí, y no pasa nada. Todos hemos estado ahí en algún momento.

En el campo de entrenamiento donde se realizan, durante seis terroríficos meses, las pruebas de acceso al cuerpo de los Navy Seals (cuerpo especial de tierra, mar y aire de Estados Unidos), siempre hay una campana visible que puede ser tocada por cualquiera de los candidatos en cualquier momento, señal inequívoca del deseo de dar fin al sufrimiento y marcharse a casa.

Entre los candidatos hay una máxima, que hace tiempo hice mía, que dice: ¡Nunca toques la campana!

Si he decidido iniciar el proceso de emprender, quiere decir que entiendo que en el camino habrá muchos obstáculos que me tentarán a «tocar la campana» para dejar de sufrir. ¡Nunca toco la campana!

Siempre, pase lo que pase, estoy dispuesto a intentarlo otra vez: como los niños cuando empiezan a andar, lo intentan, se caen, se levantan, vuelven a intentarlo, se caen y así hasta que un día sin previo aviso consiguen andar. Debo actuar así en todo, me digan lo que me digan.

El conocimiento necesario para conseguir mi objetivo ya está en mí, y repetiré y repetiré hasta «ponerme en pie». ¿El resto? Es sólo cuestión de tiempo.

En el pasado y en momentos de bajón siempre me he autoanimado poniéndome delante de un espejo, siempre desnudo y diciéndome la siguiente frase: «Estoy seguro de que conseguiré mi objetivo. Lo único que no sé es cuándo».

En mi vida he conseguido (casi) todos los objetivos que me he marcado aunque algunos me hayan costado MUCHO, e imagino que alguna influencia habrá tenido que ver el citado mantra.

El riesgo no existe, el no decidir es el riesgo, yo soy el riesgo, no hacer nada es el riesgo. En el momento justo en el que doy el primer paso, el riesgo se desvanece y comienzan a ocurrir cosas absolutamente interesantes. Por el contrario, si no hago nada, no decido, no doy ese pequeño primer paso pensando en que así nada malo ocurrirá: ¿Cómo «carajo» voy a conseguir ni siquiera un pirulí? ¿Qué espero?, ¿que me lo traigan a casa como la comida a domicilio?

La vida está en continuo movimiento, se autodirige y siempre va hacia delante, «entrega los premios» a los que se mueven con ella, innovando y abrazando la incertidumbre, en definitiva, a los individuos emprendedores que caminan con paso firme hacia su objetivo: Quedarse quieto sin hacer nada y sin posibilidad de mejorar ¡no es una opción!

Hay que jugar siempre, no pensar demasiado y ¡ACTUAR! Si pienso demasiado es imposible que encuentre el momento adecuado para dar ese primer paso, sencillamente porque ese momento no existe.

Si ante cada reto actúo como la gran oportunidad de mi vida, al final acabaré encontrándola. Descargo en cada una de mis acciones toda mi energía y talento. Donde estoy hoy no es más que un peldaño de una escalera de la que nunca vislumbro el fin.

Sigo siendo un ignorante que tiene mucho que aprender, y el día que deje de serlo: ¡Me convertiré en un gilipollas mediocre!

Unas veces ganas y otras pierdes, pero nunca te paras y sigues luchando.

¡NUNCA TOCO LA CAMPANA!

18

Armas de andar por casa

¿Lees habitualmente? ¿Persigues experiencias incómodas para aprender de verdad? ¿Tienes mentor? Estoy seguro de que has contestado, por lo menos, con dos noes. Si han sido tres: ¡Sigue leyendo, por amor de Dios!

Hay tres armas muy poderosas, absolutamente necesarias, de uso diario y al alcance de cualquiera, que sin embargo la mayoría obvia sin percatarse de la importancia que tienen a la hora de conseguir lo que sea.

¡Leo, leo, y... LEO!

Sobre cualquier tema. Los libros no se leen, se estudian, son conocimiento en acción, sabiduría legada por el altruismo de personas brillantes que, en tan sólo tres horas, me permiten introducirme en sus mentes para aprender lo indecible. El no aprovechar esta oportunidad que está a mi disposición es una irresponsabilidad, un pecado y un insulto a la inteligencia. El aprendizaje que he obtenido con la lectura cambió y sigue cambiando mi vida. Leer hace que escriba, escribir y leer hacen que hable, comunique, convenza y negocie mejor. Es una actividad con una ratio tiempo/beneficio de una absoluta y espectacular rentabilidad a la que merece la pena dedicarle un par de horas al día (todos los días de la semana). Los libros son el regalo de mentes privilegiadas que consiguieron hace tiempo lo que yo quiero. Por todo ello seguiré leyendo y mimando los libros.

«Persigo» las experiencias incómodas

O dicho de otra manera, me alejo de la comodidad, que constituye el principio del fin. Siempre busco situaciones nuevas e incómodas que es donde está el verdadero aprendizaje. El dinero, como la vida, siempre está en movimiento y en la calle, nunca en el sofá de casa, viendo la televisión, comiendo una pizza y un bol de palomitas. ¡ACTÚO!

Sé que un libro me sugiere y me da ideas sobre qué hacer pero (incluido éste) no es suficiente. El conocimiento sin acción no sirve para nada, debo poner en práctica lo aprendido, entrenarlo una y otra vez, exponerme, vivir y hacer aquello que temo. Comodidad, crecimiento y éxito son términos incompatibles.

Es más, sé que avanzo cuando me siento incómodo.

El modelado

Aunque hablaré más profundamente del concepto en el capítulo «El mentor», quiero dejar algunas pinceladas sobre el tema. Siempre que voy a emprender algo nuevo (adelgazar, nadar doscientos largos, hacer una inversión, escribir un libro, preparar una ponencia, ir a una negociación, crear un proyecto...), busco en quién apoyarme para modelarme: observo, aprendo, emulo e incluso intento reunirme con quien haya conseguido lo que quiero para aprender (cosa que he conseguido varias veces). En mi caso, me he modelado con: André Kostolany, Bruce Springsteen, «Trevanian», Joaquín Lorente, Albert Einstein, Andrés Guillamot, Mario Conde, Abdul Jeelani, Novak Djokovic, Miguel Ángel Nadal, Pello Zárate, Humberto Spencer Wallis, Michael Burry, Ben Rickert, Thomas Crown, Marty Byrde, Florencio López Iglesias (alias Poli), etc.

El modelado es un factor acelerador del proceso hacia la consecución del objetivo, que ahorra tiempo, energía y dinero, razón por la que leo mucho, asumo situaciones incómodas y me modelo con quien ya haya conseguido (realmente) lo que yo quiero.

Si me parece interesante, ¿ a qué espero? ¡Me pongo en marcha!

19

Mi mapa *navy seal*

Se juega como se entrena

El emprendedor es un «deportista profesional» que no se puede permitir el lujo de dejar de entrenar ni siquiera habiendo ganado muchas ligas. Si deja de hacerlo, puede encadenar varios partidos sin ganar entrando en lo que se llama una «racha perdedora».

Hace años elaboré una especie de código al que llamo «mi mapa *navy seal*», en el que se incluyen una serie de ideas y normas a las que siempre acudo cuando tengo dudas o siento que me estoy desviando del camino. Estas ideas las he entrenado tanto que ya son parte de mí e imposibles de olvidar. Son hábitos que dan respuesta a mis momentos complicados, con los que a la hora de su aplicación, soy duro conmigo mismo y comprensivo con los demás, ya que no espero que el resto del mundo los cumpla igual que yo.

¿Qué debo hacer en un «partido» cuando nada sale como se había planeado (cuestión más común de lo que se pudiere imaginar)? ¡«Tirar» de lo aprendido en el entrenamiento!

Mi mapa navy seal

1. Aprendo las normas del juego y me salgo de ellas en cuanto puedo, lo realmente interesante está siempre fuera de lo permitido.
2. Decido rápido y cambio mis decisiones lentamente.
3. Tendré exactamente lo que imagine. Así que imagino a todas horas.
4. La vida es tiempo, decisiones y (algo) de dinero.
5. Quien añora pequeñeces no merece grandezas.
6. Pongo atención en cada acción.
7. Sigo a mi intuición y obvio a la audiencia.
8. Uso el «no me interesa».
9. ¡Lo intento una y otra vez!
10. El camino es el *a contrario sensu*.
11. No intento controlar nada, vivo el presente.
12. Nunca copio.
13. Busco soluciones.
14. ¡Nunca toco la campana!
15. Cumplo mi palabra.
16. Tengo opciones, nunca obligaciones.
17. No cambio mi forma de ser para satisfacer a nadie.
18. Vivo para jugar.
19. No me aferro a nada ni a nadie.
20. Sin quejas ni excusas.

¿A que son sencillas?

A continuación y sin anestesia, comparto los pasos que siempre doy desde que surge una idea en mi mente hasta que consigo ganar dinero con ella.

Lo primero que hago es «jugar» con la idea en el papel: dibujo, escribo, calculo, garabateo, la olvido, imagino, diseño y visualizo todos los pasos a dar, dejando la hoja sin un solo hueco en blanco. Y hago todo esto porque hasta que no me convenza a mí mismo en el papel (cosa harto complicada) de que mi idea es buena, no empieza el juego. Y puedo garantizar que con esta estrategia a lo largo de mi carrera he conseguido dos cosas: 1) hacer de ella una increíble «red de seguridad» para no fallar demasiado a la hora de elegir qué ideas pongo en marcha, ya que la mayoría de ellas, con sólo hacer unas cuantas sumas y restas, se quedan en el papel, demostrando con meridiana claridad no ser rentables; y 2) me permite poder decir (sin pretender ser vanidoso) que el 95 por ciento de los proyectos que he emprendido han tenido éxito y he conseguido los objetivos.

Una idea, además, debe estar alineada con mi filosofía, si no lo está y no encaja con mi esencia, por muy rentable que parezca, la deshecho, debe ser transgresora, que haya sido imaginada por mí, que no se haya hecho o que pueda hacerse diferente, que sea divertida y con una ratio beneficio/gasto lo más alta posible.

Como todo en la vida, la primera vez que aplicas algo así cuesta un poco y resulta raro, incluso engorroso, pero puedo garantizar que cuando «le coges el tranquillo» es eficiente, excitante y muy rentable.

20

¡Eureka! Tengo una idea

Lo que todos saben ya no me interesa

Una idea es el nacimiento de un río que siguiendo un cauce desemboca en su objetivo natural que es el mar. En la vida sobran ideas y faltan emprendedores, razón por la cual, la mayoría de las ideas son candidatas a morir nada más nacer y para que eso no ocurra es importante cuidarlas y mimarlas mientras crecen y se desarrollan, hasta conseguir que lleguen a «viejas». Además de todos los esfuerzos que tendré que hacer para ello, debo tener muy en cuenta que la sociedad actual está llena de personas cuya única misión es intentar «asesinar» mi idea. Nunca he alcanzado a comprender el porqué de la existencia de estos «tipos», pero es un hecho. Vivimos en la era en la que el deseo y el objetivo de muchos es simplemente la mediocridad e ir contra cualquier intento de crear algo novedoso o cambiar lo que ya existe. Hay que ser conscientes de ello.

Soy un individuo inquieto, abierto a las nuevas experiencias que la vida me traiga, dispongo de un cerebro que se excita ante la idea de poder transformar algo existente (o crearlo desde cero), no por ello desconocedor del riesgo que comporta ni de que dicho riesgo no está en la idea ni en la acción sino en mí.

Decir que «no» es más fácil que decir que «sí», y además mucho menos arriesgado. Un «sí» supone abrir la mente, estar dispuesto a arriesgar, a ir contracorriente contra las mentes retrógradas y costumbristas de la sociedad y eso sólo está reservado a los valientes emprendedores.

¡Voy con las ideas!

La idea es el catalizador de todo. Sin ella no hay nada.

La inspiración sin trabajo, o intentar vender rápido y a toda costa sin tener muy claro qué producto o servicio vendo ni si es de calidad o no, es la excusa de los mediocres. Todo lo que me rodea es consecuencia de ideas que la acción y el tiempo han transformado en un hecho. La idea, si no la ejecuto con mi esfuerzo que la convierta en realidad, es simple humo. Si quiero hacer posible todo aquello que deseo, debo dedicar mi tiempo y energía a ello desarrollando las habilidades necesarias. El descanso es necesario, el movimiento y la actividad direccionada son imprescindibles. Sin ello todo es una basura, y la basura, se tira.

Hace mucho tiempo que aprendí que es más rentable hacer algo ideado por mí y que me «ponga», que limitarme a copiar. En mi caso, la idea debe ser rebelde, divertida, jugable durante mucho tiempo y con la que se supone que voy a ganar dinero. Para ello, tengo en cuenta que los negocios de éxito se construyen primero, a base de emociones y segundo, a base de productos y servicios de calidad. Por ello cuando tengo una idea que considero pudiere convertirse en algo poderoso, lo primero que hago es preguntarme si me emocionaría comprarla. Si la respuesta es no, olvido la idea.

Todas las ideas deben parecer buenas cuando se explican y la mía también.

Debo ser capaz de explicarla a la primera, en treinta segundos y que todos los que la estén escuchando la comprendan. ¡Comunicar bien ante todo y en todo!

Me dispongo a explicar un ejemplo real (el mío) que reúne varios tipos de actividades para ganar dinero, con las que estoy seguro de que la mayoría podrá identificarse (en una, en varias o en todas). Que cada uno elija la que más le convenga. Quiero dejar claro que en el hecho de «tener una idea» es en lo único en lo que no puedo ayudar a nadie. La idea debe nacer de la mente de cada persona y ser única, personal e intransferible.

Recuerdo ahora que en el capítulo «Marcando un objetivo "de la hostia"» hablaba de la necesidad de esperar para conocer con qué ideas pretendo llegar a él, y el momento ha llegado.

Ideas con las que conseguir mi objetivo «36/2033»

1. REZIA® <www.rezia.capital>

Es la matriz del grupo que engloba los proyectos de los que hablé en el apartado «¿Por qué me siento (autorizado) a escribir este libro?».

La idea nació simple y clara, con el lema «crear y vender» (que no «crear para vender»): crear proyectos propios, e invertir en ajenos, con la idea de venderlos en el momento adecuado.

2. Simpleks.ink®

Es un proyecto cuyo objetivo es la creación de un sistema intensivo para ganar dinero mientras duermo («El Bucle»), que está enfocado a (casi) todos los públicos y que será el tema principal de mi próximo libro a publicar en primavera de 2025.

3. THIS! <www.thestyle.is>

Es nuestro club de emprendedores: cuyos miembros están interesados en la «manera de hacer» que estoy compartiendo en el presente libro y que interactúan y conectan en los diferentes eventos «on/offline» (siempre en directo, nunca enlatados), sobre emprendimiento y ganar dinero, conformando una potente e innovadora comunidad.

Y ahora le toca el turno a saber cómo vendo, mejor dicho, «cómo me compran».

21

No vendo: me compran

Nunca compro algo que me vengan a vender

Axioma: dícese de una proposición tan clara y evidente que se admite sin demostración.

¡Vamos pues con los axiomas!

El poder (siempre) está en manos del comprador

El beneficio de una determinada operación se obtiene siempre al comprar (salvo contadas excepciones): ya sea una casa (vivienda habitual, vacacional o simplemente para invertir), oro, un reloj, acciones cotizadas en Bolsa, participaciones en un fondo de inversión, materias primas, bonos (institucionales o privados), la lotería, un traspaso de un negocio, un cuadro, un coche de ocasión, etc. Por ello, es algo que debo aprender para cuando llegue a la negociación, teniendo la paciencia necesaria para decidir el momento adecuado de la compra y obtener así el beneficio. Es interesante no olvidar que como comprador tengo la opción de comprar y el vendedor tiene dos obligaciones: convencer y vender. Yo tengo una opción y el vendedor tiene dos obligaciones. A quien no vea la diferencia ¡le dejo mis gafas!

Es obvio que si como comprador soy inteligente y estoy preparado (espécimen más raro que un perro verde), conseguiré el beneficio justo en el momento de la compra. Es decir, que si quiero obtener beneficio tengo que aprender a comprar, cosa que la mayoría de los compradores (con el cerebro congelado) desconoce, ya que van a comprar por comprar, sin saber que es en ese preciso momento cuando se genera el beneficio. Si compro por comprar y sin estudiar la mejor estrategia, ¡nunca lo obtendré! Ya que si no compro a buen precio, cuando me toque vender, por mucho que lo quiera e intente, ya será demasiado tarde y habré perdido la oportunidad, obviamente salvo que venga un comprador más tonto que yo al que le pueda endiñar la «bacalá», acción mediocre e inculta, características de las cuales, si estás leyéndome, careces por completo.

Sea lo que sea que quiera comprar y si quiero obtener beneficio, es mi obligación planificar cada una de mis compras.

Una persona que tenga cubierto en su vida el sexo y el dinero y se rija por el principio de necesidad, será un comprador excelso y nunca uno compulsivo con «encefalograma plano» y que compra y compra, sin necesidad.

El vendedor es la parte (débil) de la compraventa

Salvo en casos de tremenda escasez, con poca oferta y gran demanda, así es.

El hecho de que el vendedor sea la parte débil, a pesar de que la masa y muchos vendedores piensen lo contrario, ha provocado la aparición masiva de los «vendehúmos del embudo», que son aquellos que imparten formación, venden sistemas infalibles de venta, o de inversión, independientemente de la calidad del producto o servicio que se pretenda vender. Son aquellos que intentan confundir al comprador y lo consiguen, convenciéndole de que la venta es lo primero y la parte más importante de un emprendimiento. Los «vendehúmos del embudo» son aquellos que venden «la mejor manera» de vender algo que ellos nunca han vendido. Tristemente hoy en día el mercado está plagado de personas que intentan enseñar algo que ellas nunca han realizado, en cuyas trampas caen muchos «pobres» compradores.

Sé que a muchos les puede parecer una tontería, una locura quizás, pero la mejor manera para aprender a vender es saber comprar. Si me pongo en los «zapatos» de un comprador exigente (no un papanatas que compra de todo sin ton ni son) e intento aprender su esquema mental, ¡no necesitaré vender! ¡Me comprarán!

Mi marca personal es ganadora

Mi marca, con su logo, sus colores y su eslogan, ha sido creada en mi soledad, pero llega un momento en el que debo lanzarla al exterior para que penetre en la mente del posible comprador. Debo convencerle de que si me deja le transmitiré el valor de mi producto o servicio y ello cubrirá sus necesidades, ilusiones, sueños y ambiciones, o todo a la vez.

Si consigo atraerle, aunque sea un poco, ése es el momento de «darlo todo», de exponer todo mi catálogo de «fuegos artificiales» llevando al límite mi idea y usando mi capacidad de comunicación para convencer y seducir. Porque si una vez que he conseguido que acepte la invitación «a cenar conmigo», no soy capaz de convencerle de en qué consiste mi «diferencia» con respecto al resto, estoy más «seco» que la mojama.

Una marca siempre es el fiel reflejo de quien la dirige, que es lo que, valga la redundancia, marca la trayectoria del proyecto. Una marca es el conocimiento, la potencia, la intuición, la habilidad, la experiencia y el momento vital en el que se encuentre su creador.

Cuando actúo para que me compren lo que hago es intentar convencer, y para ello no sólo debo amar mi producto o servicio, sino que, además, mi forma de comunicar, de vestir y de moverme deben ser la continuidad de mi personalidad, ya que en el caso de que existiese una disonancia entre quien soy y lo que transmite mi marca personal, el resultado sería el fracaso absoluto. Una primera mala impresión es muy difícil de subsanar.

No me gusta que me persigan

Y menos un vendedor. Nunca, en ningún lado y bajo ningún concepto.

No soporto a los vendedores «pesados» que repiten mil veces lo mismo y por tanto nunca usaré esa estrategia. No me gusta que en unos grandes almacenes se interesen por mí si no les he preguntado nada. No me gusta que el camarero mueva el orden de mis cubiertos o me esté continuamente llenando la copa de vino si no se lo he pedido. No me gusta que me paren en el supermercado ofreciéndome unas vacaciones en Marina d'Or o donde sea. No me gusta que nadie me machaque enviándome correos electrónicos todos los días para recordarme que está ahí y me quiere vender (una de las técnicas favoritas de los «vendehúmos del embudo»). No me gusta que me ofrezcan algo gratis. En resumen: no me gusta que me vengan a vender. Me parece vulgar.

Por ello y porque quien me viene a vender algo está «preparado» para la venta, y yo, comprador «sorprendido», no lo estoy: ¡Nunca compro algo que me vengan a vender!

Cuando quiero algo, voy y lo compro. ¿Por qué el «impresentable» que me viene a vender va a saber mejor que yo qué es lo que quiero o necesito? ¡Pues eso!

Y si no me gusta que me persiga un vendedor, ¿cómo voy a perseguir yo a mis potenciales compradores? ¡Nunca jamás!

Hay gente que quiere vender a toda costa, sea lo que sea, buen o mal producto.

Lo siento, yo no pienso así. Yo tengo productos y servicios a la venta, cierto. Que quiero que me compren, cierto. Y para ello, los pongo en el escaparate (por cualquier medio) y espero a que el comprador tome su decisión y compre si le da la gana. No quiero que me compren a cualquier precio.

Y puedo garantizar que la estrategia da resultado.

Mantengo mi marca personal al día

Es verdad que en el mundo de hoy en día hay muchas marcas y que sólo sobrevivirán las que desde su nacimiento estén absolutamente «blindadas». Mi marca es mi compromiso, mi esencia, mi intención y no un paripé para fardar ante nadie. Mi marca es mi obsesión y tengo intención de colocarla lo más alto posible, allá donde nadie pueda rozarla. Mi marca es única y la mantendré siempre al día emanando credibilidad para que el posible comprador tenga la garantía de que yo, el actor principal y mi marca personal, somos la misma cosa. No hay nada peor que comprobar que una marca tiene buena «pinta», pero no se corresponde con la personalidad de quien está detrás, lo que hace resonar la falsedad por doquier y genera dudas.

Mi marca personal debe estar en perfecta sintonía conmigo, aunque no es suficiente, ya que ha habido muchas veces que he creído tenerla (creencia muy común cuando se es emprendedor primerizo), que ya era la definitiva y no era así. Porque bajo mi punto de vista es de obligado cumplimiento generar una nueva marca (casi) con cada proyecto y transmitirla para que el posible comprador perciba que detrás de ella hay una persona con suficiente capacidad de respuesta y en la que se puede confiar plenamente. Este ejercicio de cambio, que puede resultar engorroso para algunas personas, es un fantástico entrenamiento para un emprendedor.

Cada vez que cambio mi dinero por un producto o servicio es porque creo que he hecho una buena elección y me va a compensar. Estoy depositando mi confianza en ese producto o servicio y no en otro y no quiero fallar. Cuando compro me estoy entregando a alguien.

Implemento en mi mente las siguientes ideas

1. Sé que tengo un «ganador» y nunca muestro urgencia.
2. Hay dos frases que me decía mi madre cuando yo tenía unos diez años, que me daban absoluto pavor y que transcurrido el tiempo he convertido en dos grandes ideas de marketing. Las frases en cuestión son las siguientes: primera, «Yo no digo nada, tú sabrás», y la segunda, «Ya vendrás».
3. No presiono a ningún comprador.
4. Tengo total desapego al resultado.

Mi filosofía es diametralmente opuesta a la promovida por los vendehúmos del embudo que pueblan la red y a la que se adhieren muchos incautos con prisa por ganar dinero y que está basada en el hecho de considerar que el ser humano es genéticamente «procrastinador» (rasgo claro de inteligencia), a quien no hay que dejar pensar y se debe presionar para que decida con rapidez y les entregue su dinero sin importar mucho a cambio de qué. Sinceramente, no sólo no comulgo con esta filosofía sino que además me parece una falta de respeto hacia los clientes, cosa que a estos tipejos «les trae al pairo».

¡Aviso para compradores!

No corro nunca tras una «aparente» oportunidad. ¡Paciencia! Siempre hay una próxima vez.

Cuando un vendedor me «mete» prisa, independientemente de la excusa o argumento, ¡NO COMPRO!

No hay prisa para nada. Nunca se pierde ninguna «supuesta» oportunidad. ¡Nunca! Lo que ocurre es que me hacen creer, y acabo por «tragármelo», que se acaba el mundo si no compro. Busco lo que quiero o necesito, cuando y donde quiero, y lo compro. Nadie me dice lo que tengo que hacer, ni si pierdo o no, una oportunidad, ni si necesito algo o no. ¡Yo decido! ¡Yo compro!

El único que pierde algo, en caso de que se me inflame la yugular, es precisamente quien me está presionando para que haga algo que no tenía pensado ni por tanto decidido. Si no compro, le estaré «dando con la puerta en las narices» y por supuesto en mi caso, habrá perdido un cliente para siempre. Yo sé qué necesito, y si no lo sé me informo y pregunto, pero nadie lo sabe mejor que yo. Todos estos conceptos son claves para aprender la «no venta».

Ya he dicho que el beneficio de cualquier operación se

hace en la compra (en la entrada), momento en el que el vendedor (casi) siempre se encuentra, aunque no lo crea, en desventaja, porque es quien debe convencerme de algo. Si como comprador sé qué quiero, actúo con inteligencia y soy paciente (elimino mi ansia), tengo todas las de ganar.

¿Te has planteado alguna vez cómo te sentirías si no tuvieses que esforzarte por vender porque todos te quieran comprar?

¡Voy a ello!

La estrategia: ¡No vendo. Me compran!

> Toda batalla es ganada antes de ser librada.
>
> SUN TZU

Para que me compren, es de vital importancia mantenerme siempre al margen de la opinión mayoritaria, sin dejarme influir por la masa (única manera de sobrevivir en el mercado) y siguiendo sólo aquello en lo que creo y funciona para no arruinar mi creatividad.

Aquí comparto los puntos que definen mi estilo en lo que a comprar y vender se refiere.

Ser y existir

No hay amigos ni enemigos, sólo compradores. Guardo mis problemas para mí, a nadie le interesan. Si me preguntan, siempre estoy bien y preparado para la batalla. Para «ser» debo contar conmigo mismo, para «existir» debo contar con los demás. Sé que mi pensamiento es una propuesta de mi cerebro consciente con base en la información y experiencia almacenadas en mi inconsciente, que supone mi esencia máxima y pura y constituye la huella de identidad que me define y que nunca obvio, desde la que tengo que salir a la «jungla» para enfrentarme a todo tipo de influencias externas, y es ahí donde mis ideas y pensamientos empiezan a estar condicionados por circunstancias definidas fundamentalmente por tres hechos: mi potencial, el ambiente y el momento.

Cuanto mayor es mi potencial, más libertad tengo para ser y conseguir lo que quiero. Y al revés, cuanta menos libertad y actividad tenga, menor será el número de posibilidades para conseguirlo. Por ello, uno de los motivos para potenciar mi cerebro y su entrenamiento hacia el éxito es estar en los momentos adecuados donde la energía y la libertad impregnen el ambiente.

Dicho de otra manera. ¡Hay que estar donde «se parte el bacalao»!

La gente compra aquello que comprende

Transforma tu idea en dinero. ¿Se comprende mi lema? Yo creo que sí.

Es el eslogan de este libro y el de nuestro club de emprendedores THIS!

El mensaje, para que se comprenda, debe ser corto, claro y directo.

Siempre que comunico estoy tratando de convencer, que es la manera pacífica de conseguir lo que quiero. Cuando quiero convencer, no puedo permitir que mi orgullo sea mayor que mi interés ni intentar seducir sólo por la forma, «chuleando» de mi gran conocimiento o de mis experiencias vividas.

Mi arma de seducción principal debe ser mi capacidad de hacer que mi interlocutor comprenda qué es lo que le ofrezco para colmar sus deseos, intereses y necesidades, teniendo muy en cuenta que la comprensión sólo se da cuando existe conexión. Si soy capaz en un primer intento de que mi interlocutor comprenda lo que le quiero comunicar, que mi esencia le excite y, sobre todo, le convenza, habré dado de pleno en la diana.

Si por el contrario, mi sintética explicación le hace fruncir el ceño espetándome el implacable «No lo entiendo», no tendré una segunda oportunidad. Si en mi primer intento no he sido capaz de explicarlo, ¿qué me hace pensar que voy a conseguirlo en el segundo? Debo poner todo de mi parte para conseguirlo a la primera, para bajo ningún concepto tener que decir el horrible: «Te lo vuelvo a explicar».

Hay dos frases que dicen: 1. «Las cosas no pasan como yo quiero que pasen, sino como pasan», y 2. «Las cosas son lo que la gente piensa que son». Ambas son ciertas y reales, pero en una compraventa lo que verdaderamente importa es la percepción de la realidad y lo que comprende el comprador. ¡No hay absolutamente nada más!

Una cosa pudiere ser la realidad (que quizás la mayoría percibiese) y otra muy diferente, y más importante para mí, es lo que comprende el comprador de la realidad que percibe. Por tanto, en lo único en que me tengo que enfocar es en comunicar con total emoción y honestidad radical que es mi producto o servicio lo que realmente comprende y necesita.

¿Quién se hará con los clientes en un mercado libre en el que hay más oferta que demanda? Aquel que conecte y comunique con la mayor direccionalidad posible, «tocando» uno de los cuatro instintos básicos del ser humano: el sexual, el económico, el social y el de supervivencia.

Recuerdo que he dicho hace ya unas páginas que me comporto desde un inicio como si ya hubiese conseguido mi objetivo, me mentalizo y preparo para presentar el proyecto «más grande del mercado», dándome a conocer sin dispersión de argumentos. Los triunfadores son quienes transforman una idea en emoción y la intercambian con el comprador a cambio de dinero.

Las ideologías, personas, empresas y marcas que alcanzan el liderazgo lo consiguen porque son capaces de «poner cachondos» a muchos. Cuanto más excite el deseo de conseguir lo que se quiere, más seguidores conseguiré.

El triunfo se basa en la aportación de algo novedoso y superior respecto a lo conocido, que interesa porque convence, bien por sí mismo, bien por el eco público que lo rodea, o por ambas cosas a la vez.

Si no convenzo, no existo, y si convenzo y no me conoce «ni Rita la Cantaora», lo único que hago es deambular por el mundo como un zombi.

El primer paso es que me conozcan: ya me encargaré yo de convencer a quien sea.

Nunca compro algo que «me vengan» a vender

En el mercado, con frecuencia, hay que cerrar los ojos para ver mejor.

Cuando alguien me viene a vender, viene preparado y yo no lo estoy. Si no estoy preparado, no compro. Recuerdo, y jamás se me olvida, que el beneficio se genera al comprar. Por tanto, si realmente estoy interesado en hacer beneficio, debo ir bien preparado a la compra y no hacerlo de cualquier manera y sin planificar, como ocurre cuando a un vendedor cualquiera le da «el cuarto de hora» e intenta venderme cuando a él le da la real gana.

¿Por qué me voy a interesar por algo que me vienen a vender si a mí rara vez me interesan las ideas ajenas?

¡Desapego al resultado!

Nunca tengo prisa por vender. Si vendo, bien y si no, ¡también! Me centro en el proceso, nunca en el resultado. El resultado llegará, es cuestión de paciencia y tiempo. Una vez que he trazado la estrategia y sé qué quiero conseguir, comienzo a dar los pasos con total desapego al resultado. Si gano, bien: Y si no gano, ya ganaré.

Al final todo sale bien. Y si no sale bien, es que no es el final.

¿Quién quiere qué?

Es la pregunta clave para conseguir cualquier cosa. Cuando digo cualquier cosa, es cualquier cosa: Siempre debo saber, con la mayor precisión posible, qué quiere mi contrincante.

¿Y qué hago si no lo sé? Preguntarlo directamente: «¡Oye, tío! ¿Tú qué es lo que quieres?». Es una pregunta alucinante, porque si lo piensas, es muy complicado que mientan. Si el interlocutor me dice qué quiere, habré conseguido mi objetivo y sabré a qué atenerme. Y si me miente, estará echando piedras sobre su propio tejado de cara al futuro de la negociación. Y si no me contesta, que es una posibilidad, lo dejo «correr», comienzo a observarle «como las vacas al tren», y cuando pase un rato, no muy largo, vuelvo a hacerle la misma pregunta, una y otra vez. Hasta que se canse. ¡Pues no se imagina lo intenso que puedo llegar a ser! Pero, pase lo que pase, tengo que averiguar qué quiere mi comprador, ya que si no lo sé será imposible que pueda dárselo.

Comprar es un acto de confianza, ya que cada vez que compro quiero acertar, no me gusta equivocarme y odio sentirme engañado. Releo esta última frase que tendré siempre *in mente* cada vez que me disponga a «no vender».

Una gran marca lo es porque transmite una garantía y supera las expectativas respecto a lo que el comprador espera recibir. En la relación entre las personas ocurre lo mismo, los oportunistas tienen pocos días «de vida». Cada empresa, cada vendedor, tiene su especial «aroma» y aquellos que están dispuestos a vender mierda, que los hay «a patadas», finalmente y sin remedio volverán al almacén de donde se abastecen de su producto, es decir, a la mierda.

El «ABC» de la seducción no es tan difícil, sabiendo que el comprador se mueve siempre entre la emoción y la razón y que cuanto más me aleje de alguien, menos probabilidades tendré de conectar. ¡Tengo que mezclarme con el comprador y conectar a tope!

Y la gran pregunta es: ¿cómo puedo convencer a unos perfectos desconocidos?

Es sencillo. Penetrando en sus cerebros y creando intimidad. «Estimado comprador, estoy aquí para ofrecerte el beneficio de mi marca personal, que si confías en mí cubrirá tus necesidades, sueños y ambiciones. ¿Bailamos?»

¿Qué quiero yo?

Sin duda, es la parte más importante del proceso de «no venta».

Si tengo una idea, me gusta y encaja con mi esencia, iré hasta el final pase lo que pase.

Ya lo decía mi madre por partida doble: «Como a mi hijo se le meta algo en la cabeza, lo hará, tarde o temprano», y «Si quieres que Aitor vaya hacia la derecha, dile que lo mejor es ir hacia la izquierda, y viceversa».

Nunca podría vender algo sabiendo que es de baja calidad, ni por cualquier medio, de cualquier manera, ni a cualquier precio. Me puedo permitir el lujo de elegir de qué manera quiero ganar mi dinero; si te lo propones, cualquiera puede. Quien vende porquería apesta, y a mí me gusta oler bien. Si no me gusta comer mierda, ¿cómo voy a venderla? Hay gente que quiere ganar dinero a cualquier precio. Yo no. Quiero ganarlo jugando, aprendiendo y utilizando una idea surgida de mi mente con la que sintonice y sea fiel a mi estilo.

Emprender es cuestión de tiempo, decisiones y dinero, y si me mantengo paciente y respeto el citado mantra, conseguiré todo lo que se me pase por la «testa».

Ya tengo mi marca personal, y a partir de ahora tiene que sonar el «rock and roll» a todo volumen para que todos sepan que he llegado y que usando mi potencial comunicador voy a llevar mi idea al límite, convenciendo al «más pintao». Si no soy capaz de emocionar y demostrar mi diferencia, soy un emprendedor cadáver. Y eso, «pequeño saltamontes», no va a ocurrir.

Se juega como se entrena

Es una frase típica de mis tiempos de jugador de baloncesto profesional: ¡Hay que entrenar bien si se quiere jugar bien! Si pretendo jugar un partido (cuando alguien viene a venderme algo), sin haber entrenado (sin previo aviso), ¿cómo se supone que jugaré el partido? Seguramente de pena.

Sé que debo asumir riesgos pero sólo los que yo elija, sé que la riqueza se consigue solventando problemas que la gente quiere alejar de su vida y precisamente ésa es una de las cosas que más me gusta, mirar a la realidad cara a cara y resolver esos problemas que incomodan a la mayoría, manteniendo la calma, pensando con claridad y actuando con eficiencia. Y para ello, hay que conocer a la gente, mezclarse, rozarse, ponerse en su pellejo, observar y escuchar sin soberbia ni chulería, ya que es imposible conectar desde la distancia o el desprecio. Todos somos lo mismo y la manera que más nos gusta a los seres humanos para conectar es el «piel con piel», el «cuerpo a cuerpo». Hay que «patear» las calles, entrar en los bares, mezclarse con la gente, saber qué piensan y cómo «respiran». ¡El dinero está en la calle!

Necesito un escaparate

Aunque no venda, necesito mostrar al mundo qué tengo para que me compren si así lo deciden. Y para ello, decidiré de qué manera y por qué medios incitaré, excitaré y atraeré al comprador. Para mí es vital «anunciarme» con el estilo de mi marca y conseguir que me compren por la emoción que les pueda provocar.

No hay nada más vulgar que un vendedor «persiguiendo a la presa» para que compre su producto, quizás, lo único que pudiera superarlo es alguien que compra sólo para quitarse al vendedor de encima.

Soy consecuente y trato al comprador como una persona inteligente a la que muestro mi producto, sin presionarle y dejándole que decida en libertad.

El éxito está en que me compren creyendo que ha sido una decisión consciente, cuando sé que nunca lo es, ya que las decisiones siempre son tomadas por el inconsciente. Por tanto, ¿por qué voy a perder mi tiempo y energía en perseguir a alguien que no toma sus decisiones de manera consciente si yo tampoco las tomo? Lo único que puedo y quiero hacer es poner el producto o servicio delante de las narices del comprador y esperar a que las ideas de Sun Tzu se hagan realidad. ¡Es vital tener paciencia!

Aun reconociendo que desde el punto de vista de la eficacia (que no eficiencia), es más importante el «cómo» que el «qué», reniego profundamente de dar más importancia al proceso de venta que a lo que realmente se vende (producto o servicio). Siempre lo he hecho así, no me ha ido mal y pienso seguir con este *modus operandi* a estas alturas de mi vida.

Lo mismo que a la hora de construir un edificio lo primero son los cimientos, en el mundo del emprendimiento y del dinero pasa exactamente lo mismo: Lo primero es lo primero, y lo primero no es la venta.

Hoy en día internet está plagado de webs que mediante la famosa estrategia del embudo, te enseñan a vender, independientemente de la calidad del producto o servicio. ¡Me rebelo! Primero es el producto/servicio y luego la venta. Y una vez que el comprador esté «a punto de caramelo» y haya dado muestras de que quiere comprar, entonces sí, me enfoco, negocio e «intercambiamos los cromos» (dinero a cambio del producto o servicio).

Siempre estoy (no) vendiendo

Como emprendedor REZIA® que soy, siempre estoy en el modo mental de «yo no vendo nada», y si he conseguido llegar hasta aquí tras haber recorrido muchos caminos es porque sé que tras este proyecto habrá otro, y también que si alguien está en disposición de poder decir «yo no vendo, me compran» es porque ya ha conseguido repetidamente «transformar una idea en dinero».

El mejor plan de «no venta» es aquel que se mueve con agilidad y eficiencia en el mercado, con el único objetivo de ¡tomarlo al asalto!

«El Atractivo Baile del Cambio de Cromos»

Usando una de las escenas de venta más impactantes que conozco (de la película *Glengarry Glen Ross*), me tomo la licencia de tomar «prestados» algunos de los conceptos que Alec Baldwin transmite de manera magistral en su interpretación.

En la película, «ABC» significa *Always be closing* y para mí el «ABC» es: **A** de atención, **B** de bailar y **C** de «cambio de cromos».

De ahí, la frase nemotécnica: «El Atractivo Baile del Cambio de Cromos».

Atención

Me centro única y exclusivamente en captar la atención (por el medio que sea) y el interés del posible comprador.

***B**ailar*

Una vez que consiga que se acerque y ya perfumado, me expando, comunico y seduzco. ¡Sí! La comunicación y la cercanía física es lo que más y mejor seduce.

*Cambio de **C**romos*

Una vez que le he expuesto mi «película», le dejo en paz, no le molesto, como si en cierta manera le ignorase, él decidirá. Y si da su consentimiento, cambiaremos los cromos (producto/servicio) a cambio de dinero.

¿Por qué la mayoría de las personas se preocupan de cuánto ganarán y nunca, o demasiado tarde, de saber cómo pagar menos impuestos sobre los ingresos que generen sus ideas? Si no planifico este aspecto desde un inicio, el primer «bofetón» que me den me tirará al suelo.

22

Las ideas generan ingresos e impuestos

Siempre he sido un hombre pragmático y nunca he tenido interés por teoría ajena alguna ni por el dinero negro, ya que ambas cosas, aunque haya mucho borrego que las persiga, han demostrado no tener valor alguno

Es indudable que ganaré dinero con mis ideas y que debo aprender cómo funciona el mundo del dinero y de los impuestos, dos juegos interrelacionados y con sus propias reglas.

Es un error muy común en los primeros emprendimientos (también lo fue en mi caso) confiar en creencias del tipo: «Si todavía no he ganado nada, ¿para qué voy a pensar en cómo pagar menos impuestos?». Sin embargo, el pensamiento correcto debiera ser del estilo de: «Teniendo en cuenta que emprendo, entre otros motivos para ganar dinero, y que voy a ganar un millón de euros en el primer año de proyecto, no estaría mal estar preparado para minimizar el pago de impuestos hasta cero si fuese posible».

Recuerdo que llevo diciendo desde el capítulo «Creando mi marca personal» que tengo que comportarme como si ya hubiese conseguido el objetivo. Lo repito porque es de capital importancia y si no quiero ganar dinero no sé realmente qué hago aquí. Y si quiero ganar dinero es obligatorio también aprender el funcionamiento del mundo de los impuestos. Si no lo hago, no tengo ningún derecho a llamarme emprendedor. Además, es condición *sine qua non* del juego pagar los menos impuestos posibles (de modo legal), ya que son, junto a los intereses de las deudas (que un emprendedor REZIA® rara vez contrae), los lastres más importantes en el camino hacia mi deseado objetivo. ¡Es así de simple y crudo!

Veamos qué ideas generan mis ingresos y los impuestos que traen «debajo del brazo».

Ingresos generados por mis ideas

1. Venta de productos
   a. monna® (2022): desarrollo de algoritmos para arbitraje en criptomonedas.
   b. brusy® (2023): venta de cepillos y pasta de dientes.
   c. girodron® (2023): venta de un dron-boomerang.
   d. thestyle.is® (2023): venta de mis libros.
2. Prestación de servicios
   a. planify® (2023): planificadora de viajes personalizados.
   b. check the fake® (2023): detector de noticias falsas.
   c. crack.global® (2023): dedicada a solucionar problemas de emprendimiento, relacionado con el dinero (diseños fiscales incluidos), diseño de proyectos, representación de personajes públicos y negociaciones.

    d. simpleks.ink® (2023): proyecto creador del sistema «El Bucle» para ganar dinero durmiendo.
    e. thestyle.is® (2023): membresías y mentorías del Club THIS! para todos aquellos interesados en transformar una idea en dinero usando las ideas contenidas en el presente libro.
3. Venta de proyectos
    a. REZIA® (2023), venta de aquellos creados por nosotros.
4. Intereses (recibidos): públicos y privados de los préstamos.
5. Ganancias patrimoniales provenientes de la venta de bonos, tokens y acciones de empresas no cotizadas (propias o ajenas).

Impuestos a pagar sobre los ingresos generados por mis ideas

En el momento en que genero un ingreso, automáticamente nace un «hecho imponible» por el cual estoy obligado a pagar impuestos.

Como primera idea sobre la que pensar, debo decidir quién (persona física o jurídica) cobrará los ingresos generados por mi idea, y luego ya veremos quién, dónde, cómo y cuánto paga.

En el caso que nos ocupa, he decidido que los ingresos correspondientes a los conceptos 1 y 2 se facturen a través de una sociedad (obligada al pago del Impuesto sobre Sociedades en el país donde decida constituirla) y los conceptos 3, 4 y 5 como persona física (obligado al pago del Impuesto sobre la renta de las personas físicas en el país donde esté residenciado fiscalmente).

Hasta el momento creo que a nadie se le escapa que existen dos verdades inmutables: 1. Cualquier ingreso generado por una idea obliga al pago de impuestos; y 2. He obviado (nunca aparecerán entre mis actividades) los ingresos provenientes del «ladrillo» y de los dividendos de acciones cotizadas. ¿Por qué? Porque ambos son ingresos ineficientes, engorrosos y que no cumplen los mínimos que pido a una inversión sobre rentabilidad, liquidez y riesgo.

Y como desde el principio me he comprometido a hablar única y exclusivamente de lo que sí hago, no daré más bola a ninguna de las dos.

¿Alguna vez te has planteado vivir en un país donde te traten mejor que en el que naciste?

23

El mejor lugar donde vivir

Dedicado a Andrés Guillamot, mi mejor maestro

Tu boca. El lugar donde siempre quiero volver

Quiero empezar este capítulo con un *spoiler*, desvelando el objetivo final del libro para no sufrir demasiado a partir de aquí y garantizando que al terminar el capítulo «Ganando dinero mientras duermo», todos tendremos «encima de la mesa» varias opciones para elegir cómo minimizar el pago de impuestos sobre los ingresos que nuestras ideas generen. Dicho «en román paladino»: para (casi) no pagar impuestos.

Y para relajar un poco el ambiente, voy a contar dos anécdotas que acontecieron en el Máster de Fiscalidad Internacional que cursé en 1995-1996 en el CEF (Centro de Estudios Financieros) de Madrid con mi admirado profesor Andrés Guillamot, que aunque él probablemente no lo sepa y haya estado desde entonces ajeno a los avatares de mi vida, he de reconocer que mucho de lo que he experimentado y logrado se lo debo a él. ¡Gracias, maestro!

He titulado las dos anécdotas de la siguiente manera: «Primer día en el máster» y «La calculadora».

1. Primer día en el máster

Durante el verano de 1995 tomé una de las decisiones más importantes de mi vida al desvincularme de Sport Gestión, primera empresa que había creado en 1989 dedicada a la representación de deportistas de élite, para trasladarme a Madrid con la idea de cursar un Máster de Fiscalidad Internacional. Pero antes siquiera de poder empezarlo tenía que resolver un «pequeño» detalle, ya que no cumplía uno de los requisitos esenciales para inscribirme, no era licenciado en ninguna de las carreras regladas exigidas. Ni corto ni perezoso, me puse en contacto telefónico con el centro para comprobar si usando mis dotes «comunicativas» era capaz de convencerlos, lo que únicamente sirvió para confirmar que efectivamente no cumplía los requisitos y por tanto no podía tener plaza en mi ansiado máster. ¿Me rendí? No. ¿Qué hice? Tomé un autobús y puse rumbo a Madrid. ¿Cuál era mi «brillante» plan? Presentarme sin previo aviso en el centro y pedir hablar con el director (Roque de las Heras), cosa que conseguí. El amable Roque me explicó lo que ya sabía, pero, sin darme en ningún momento por vencido, le dije con intención y claridad: «Señor De las Heras, en primer lugar, muchas gracias por recibirme con tanta amabilidad, sobre todo teniendo en cuenta mi falta de respeto al haberme presentado sin avisar. Pero, dicho lo cual, quiero decirle con el mayor respeto y total firmeza, que tengo el dinero para cursar el máster y, sobre todo, la intención de aprovechar cada minuto de conocimiento que me impartan. Yo no estoy aquí para recibir un simple título que añadir a mi currículum (de hecho nada más recibirlo lo rompí), sino para aprender al máximo. No me va a perder de vista hasta que lo consiga. Nunca habrá tenido un alumno con tanta determinación...».

Creo que ya he dicho anteriormente que la persistencia es uno de mis rasgos más acentuados, de lo que Roque de las Heras rápidamente se percató y viendo que la situación podía complicarse, me dijo: «Bueno. Haremos lo siguiente: pásate por aquí hoy a las 16 horas, te hago un par de exámenes (tipo test) y si los "sacas", date por inscrito».

Y dicho y hecho. Me presenté a la hora convenida, hice los exámenes, los superé, me inscribí y volví al día siguiente a Bilbao completamente feliz con la intención de disfrutar del maravilloso verano que se me presentaba por delante.

Pasó el verano de 1995, llegó el mes de septiembre, me trasladé a vivir a Madrid y acudí absolutamente emocionado a mi primer día de clase. Un día que nunca olvidaré y en el que pasó lo siguiente.

El horario de clase era de tres a siete de la tarde, llegué a las dos y cuarenta minutos, busqué mi clase, la encontré y me senté en un pupitre de la tercera fila. Había llegado el primero. A los pocos minutos comenzó a llegar gente, se llenó la clase y de repente reinó un silencio sepulcral ante la expectativa de quién sería la primera persona del CEF en hacer su aparición.

Esperamos diez interminables minutos y apareció un hombre de unos 45 años, sobre un metro setenta de estatura, impecablemente trajeado, con el pelo medio cano, ondulado y ligeramente engominado, de arreglado bigote, emanando autoconfianza por los cuatro costados y sosteniendo con dos dedos de su mano izquierda un pequeño vaso de cartón que contenía un café solo al que venía dando pequeños sorbos (hecho que se repetiría todos los días del máster). Dejó el vaso sobre la mesa, se frotó las manos suavemente mientras nos escrutaba en un silencio que se podía cortar «a cuchillo» y que duró unos segundos que se hicieron interminables, rotos por una leve y sonora sonrisa pícara del interfecto que fue el preludio de una de las presentaciones más impactantes que he escuchado nunca y que todavía me emociona recordar: «Buenas tardes. Me llamo Andrés Guillamot y soy inspector de Hacienda en excedencia. Voy a ser vuestro profesor de IRPF (Impuesto sobre la Renta de las Personas Físicas) y de IS (Impuesto sobre Sociedades), y voy a enseñaros todas las maneras, legales e ilegales, de eludir, que no evadir, al fisco: porque evadir es pecado y eludir, una virtud y una obligación».

En ese momento supe con una certeza absoluta que estaba en el mejor lugar del mundo y que bajo ningún concepto me perdería ninguna de sus clases magistrales. Escucharle cada tarde fue una de las experiencias más increíbles de mi vida. Andrés, con quien hice una «especial» amistad, siempre fue a mí al único de la clase al que trató de «usted» y nunca supe por qué.

2. La calculadora

Para el día en el que me crucé con Andrés en uno de los pasillos del centro, ya habíamos «discutido» en clase en innumerables ocasiones sobre algún esquema de elusión. Yo iba absorto en mis pensamientos y no le vi llegar. Me paró apoyando la palma de su mano derecha sobre mi pecho y sin previo aviso me espetó:

—Señor Zárate, ¿quiere usted ser millonario?

Yo, entre lo despistado que iba y la sorprendente preguntita de marras que me pareció escuchar, pero de la que no estaba seguro, me bloqueé. Y Andrés volvió a la carga:

—¡Joder, Zárate! ¿Está usted «empanao»?

—Perdona, Andrés. ¿Cuál era la pregunta? —le pregunté con cierto retintín.

—Que si quiere usted ser millonario —dijo declamando cada sílaba más lento de lo habitual, subiendo un poco el tono de voz y con cierta sorna.

—¡Claro! ¡Por supuesto! —dije maquinalmente.

—En ese caso, ¡cómprese una de éstas! Le garantizo que le será de utilidad en su futuro —dijo, sacando del bolsillo interno de su elegante traje una calculadora financiera modelo HP-17B II y desapareciendo sin decir nada más entre la multitud de alumnos que en ese momento abarrotaban los pasillos del CEF.

Me quedé pensativo y con «cara de acelga». Es fácil imaginar qué es lo que hice una vez terminaron las clases de esa tarde. ¡Efectivamente! Me fui a buscar como un poseso la dichosa calculadora que no pude encontrar esa tarde pero que compré a la mañana siguiente y que hoy, veintisiete años después, continúa siempre a mi izquierda en la mesa de mi sala de juegos.

Nota: ¡Lo que son las cosas! En 2013 (dieciocho años después), el hijo de Roque de las Heras me llamó dándome «carta blanca» para que impartiese durante (2013-2014) el curso titulado «*Trading* con Aitor Zárate», exactamente en las mismas aulas en las que Andrés me «desvirgó» en el mundo de las estructuras fiscales internacionales y de las finanzas en general. El curso comenzó a impartirse en octubre de 2013, fue un rotundo éxito, el círculo se cerró y no me encontré con Andrés.

Y tras este relajante inciso, sigo con la «canela en rama».

Qué duda cabe de que el entorno siempre condiciona y puede alterar sustancialmente mi vida. Por ello es importante tener conciencia del ambiente que me rodea y comprobar de vez en cuando si el lugar donde vivo está en sintonía con el momento que atraviesa mi cerebro y mi forma de pensar. Algunos entornos excitan y otros lastran, unos potencian y otros adormilan, en unos huele a libertad y en otros a inflexibilidad mental permanente.

Si estoy mentalmente en una fase expansiva de mi vida, no puedo, ni debo, aceptar limitación alguna, y menos proveniente de la costumbre, de la tradición o del poder e influencia de la mayoría, cuyo único objetivo es frenar el cambio que promovemos los emprendedores rebeldes.

Tengo un cerebro en plena expansión al que necesito incomodar para que crezca y se desarrolle y para quien la comodidad es un lastre. Si quiero cambiar algo en mi vida no puedo mantenerme mucho tiempo en la comodidad de un «refugio», porque es una situación de muerte en vida. El pensamiento es un arma de gran potencial que es obligatorio rentabilizar, tanto material como inmaterialmente, y para crecer, como cualquier planta de la naturaleza, necesita «sol y agua», excitación y descanso. No puedo elegir un entorno oscuro, costumbrista y limitante, ya que mi existencia siempre se verá condicionada por el lugar que elija y dicha elección resulta muy divertida pero nada sencilla.

Durante toda mi vida he viajado mucho y cada vez que llegaba a un sitio siempre me hacía las dos siguientes preguntas: 1. «¿Sería capaz de vivir aquí?».

Me imaginaba cómo sería hacerlo: la búsqueda de una casa, la mudanza, patear la ciudad, conocer sus bares y restaurantes, y siempre concluía con un «sí» rotundo, sin duda sería capaz de adaptarme a vivir en (casi) cualquier lugar. Y tras haber tomado la decisión ficticia que respondía a la primera pregunta, me autoformulaba la segunda: «¿Dónde está el lugar al que siempre quiero volver?». Casi nunca tenía la respuesta para esta pregunta pero es un juego que hoy en día todavía hago cada vez que llego a una nueva ciudad.

Y tras vivir en muchos lugares desde que salí de la casa familiar cuando contaba 18 años, por fin he conseguido ser capaz de contestar a la segunda pregunta y ya he elegido dónde quiero vivir, por lo menos los próximos diez años de mi vida.

¡Sigo! A ver si encuentro mi lugar.

Las cuatro preguntas

Es necesario plantearlas ya que las respuestas serán vitales para ahorrarme mucho dinero, tiempo y energía mientras recorro el camino hacia mi objetivo.

¿Y por qué son tan importantes? Porque si estoy a punto de emprender, imagino que uno de los objetivos será ganar dinero y, para ello, sería «muy» interesante tener el conocimiento para pagar, por ejemplo, el 5 por ciento de impuestos en vez del 47 por ciento. ¡Vamos, digo yo!

¿A que estamos de acuerdo? Seguro que sí.

¡Al lío!

Las preguntas son cuatro y para responder a cada una de ellas debo tener en cuenta la respuesta dada a la anterior (obviamente en todas menos en la 1, que no tiene «anterior» y *a priori* sólo depende de mi gusto e intención):

1. ¿Dónde me apetece realmente vivir?
2. ¿Dónde viviría si quisiese pagar menos impuestos?
3. ¿Dónde me residenciaría fiscalmente?
4. ¿Desde dónde me «conviene» dirigir mi proyecto?

1. ¿Dónde me apetece realmente vivir?

«Para mí, la decisión está clara», escucho murmurar por ahí.

En mi opinión no está tan clara, y el plantearme cambiar de lugar de vida con el objetivo de empezar de cero siempre me ha parecido una aventura tan excitante como molesta. He tenido siempre claro que para tomar esta importante decisión no hay que dejarse llevar por la inercia, o el hábito, o por donde se supone que «tengo» que vivir (donde nací, donde vive mi madre, donde está mi «aburrido» trabajo, donde están mis amigos, donde está la piscina a la que he ido todos los veranos desde que era niño, o donde he vivido siempre). ¡No! Desde el capítulo «El actor principal» he intentado transmitir la idea de que el mejor lugar para vivir siempre será donde yo esté, sea el que sea, ya que allá donde me traslade, me adaptaré y haré de él mi paraíso.

Aunque buscar un nuevo lugar para vivir parezca una decisión «tonta y sencilla», no lo es, y considero que requiere de una profunda «pensada», sin interferencias externas, y sobre la que no estaré preparado para decidir hasta no haber finalizado el capítulo «Ganando dinero mientras duermo», ya que esa decisión, aparentemente «tonta y sencilla», puede convertirse en un «arma de destrucción masiva».

Y aunque sea adelantarme un poco al temario planificado, quiero explicitar que en esencia mi objetivo último es vivir donde yo elija (lugar al que siempre quiera volver y del que nunca me quiera «despegar»), residenciarme fiscalmente donde mejor me «traten» para dirigir mi proyecto con el menor impacto fiscal posible, donde pueda gastar e invertir con total seguridad jurídica y vivir libre sin que nadie me imponga sus condiciones.

Y ahora sí, es el momento de «desparramarme» y elegir lo que me plazca.

Como suelo decir habitualmente, todos tenemos nuestras «perversiones» y yo quiero vivir los próximos diez años en un *loft* en el campo, minimalista, íntimo, cómodo, silencioso con una gran cocina (me encanta cocinar e invitar a mis amigos, y cada vez me gusta menos comer fuera), mi sala de juegos, una biblioteca donde meter mis libros, a poder ser con piscina y baño turco, cerca de una ciudad pequeña, con un buen mercado de pescado y verdura, acceso a un hospital, con un clima que me permita sentir el paso de las estaciones y que no parezca que estoy en un verano permanente, rodeado de verde, en un lugar «3G» (buena calidad/precio) y con acceso al tren y al avión a menos de 30 minutos para moverme con eficiencia, ya que pienso vivir en tres países diferentes a lo largo del año. No sé tú, pero yo ya tengo decidido el lugar.

2. ¿Dónde viviría si quisiese pagar menos impuestos?

Para contestar a esta pregunta, primero debo conocer el «porqué» y «con base en qué» decidiría yo que el lugar donde quiero vivir (punto 1) tenga que ser diferente al lugar donde pague menos impuestos. O dicho de otro modo, comprobar por qué es desaconsejable que la respuesta a la pregunta 1 y a la pregunta 2 sean el mismo lugar.

¡Intentemos desvelar el entuerto!

¿Qué es un residente fiscal?

La residencia fiscal es la condición por la cual (según la Agencia Tributaria de un determinado país) una persona tiene (si es nativa del país), o adquiere (en el caso de ser extranjero), la obligación de pagar impuestos en el país en cuestión.

Pongamos un ejemplo.

¿Cuándo se considera a una persona residente fiscal en España?

Generalmente cuando se cumpla una de las tres condiciones siguientes:

1. Permanecer en el país durante más de 183 días en un ejercicio fiscal.
2. Tener el núcleo principal de los intereses económicos (de manera directa o indirecta) en el país.
3. Que el cónyuge, o hijos, residan habitualmente en el país.

En España, como en la mayoría de los países europeos, se tributa por el concepto llamado de «residencia», lo que quiere decir que cuando una persona cumpla una de las tres citadas condiciones y por tanto sea considerada residente fiscal (independientemente de su nacionalidad), estará obligada a declarar y tributar en España por todas sus rentas mundiales (tanto las que gane dentro como fuera). Los tipos impositivos pueden llegar a sobrepasar el 47 por ciento.

¿Cuáles son los cuatros sistemas tributarios (para personas físicas) que existen en el mundo?

En el mundo existen 190 países (más o menos), de los que la mayoría son Estados independientes con autonomía para decidir su sistema fiscal.

Hay muchos países y sólo cuatro sistemas tributarios, muchos de los cuales sirven para que algunos Estados esquilmen a sus habitantes de una gran parte de su dinero. Pero no todo está perdido: en 50 países del mundo no existen impuestos directos, en 23 de ellos no hay impuestos indirectos y en otros 60 es posible optimizar el impacto fiscal hasta llegar al punto de no pagar nada.

Antes de comenzar con la explicación de las características de los citados cuatro sistemas fiscales es importante dejar claro que el no pagar impuestos en un país determinado no lo convierte automáticamente en la mejor opción, y es importante tener en cuenta otros aspectos como: la calidad de vida, la delincuencia, la sanidad, la gastronomía, la seguridad jurídica, el clima, la facilidad para entrar y salir de país, el grado de estatismo (influencia que tiene el Estado sobre sus habitantes), etc.

A modo de ejemplo hablaré de una selección de países que me sirven para saber «a qué estoy jugando» e ir haciéndome una idea de cuál de ellos es el que más me conviene, ya que en el mundo hay opciones notablemente mejores que la tributación por residencia que se aplica en España y en casi todos los países de Europa.

Veamos los cuatro sistemas fiscales que existen en el mundo:

1. Tributación por residencia

Es el sistema fiscal con más implantación en el mundo en el que si cumplo una de las condiciones antes citadas estaré obligado a pagar por todas mis rentas mundiales. En este caso, si fuese residente fiscal en un país de este tipo y, además, socio de una sociedad extranjera, deberé pagar impuestos tanto por el salario como por los dividendos que pudiere percibir de la citada sociedad.

Sin embargo, no todo está perdido, ya que en el mundo hay más de cuarenta países que disponen de leyes tributarias internacionales, lo que me permitiría gestionar empresas de fuera del país sin complicaciones y libres de impuestos.

Para ir «abriendo boca», hago un inciso en la explicación antes de que llegue el capítulo «Obtengo beneficios, pagando (pocos) impuestos».

La idea principal que debo aprender y grabar en mi mente es que existe realmente la posibilidad de residenciarme fiscalmente (como persona física) en un país (A), desde donde puedo dirigir mi sociedad en un país (B), que será la que facture los ingresos generados por mi idea con un impacto fiscal (casi) nulo, tanto para mí en (A) como para mi sociedad radicada en (B). Tras este pequeño y agradable inciso, sigo con la explicación del sistema de tributación por residencia.

Como primera aproximación y una buen opción (aunque no la mejor), pudiera ser residenciarme fiscalmente en un país en el que se tribute por residencia de baja tributación (menos del 15 por ciento), que no disponga de leyes estrictas a la tributación internacional, lo que supondría una combinación interesante.

En Europa existen muchos **países con tributación por residencia y sin leyes tributarias internacionales** (Suiza,

Bélgica, Holanda, Luxemburgo y la mayoría de los países del Este), que constituyen oportunidades muy interesantes para la minimización del pago de impuestos. Por ejemplo, un país como Montenegro, con unas tasas entre el 9 por ciento y el 13 por ciento, puede competir perfectamente con países sin impuestos directos que ocasionan mayores gastos para obtener la residencia o por pagos a la Seguridad Social.

Algunos países con el sistema tributario denominado por «residencia» son los siguientes:

Alta tributación: España, Francia, Austria, Suecia, Finlandia, Dinamarca, Holanda, Italia y Noruega (todos ellos con tipos que superan el 40 por ciento).

Baja tributación: Lituania (15 por ciento), Bulgaria (10 por ciento), Croacia (19 por ciento), Estonia (20 por ciento), Andorra (10 por ciento), Montenegro (9-13 por ciento), Rusia (13 por ciento), Chile, Suiza y Uruguay.

Éstos son los tipos impositivos de los diferentes países, ahora, la diferencia del coste de la vida (a tener muy en cuenta) entre los países del Este y el Oeste es «otro cantar».

Con esto ya tenemos una primera aproximación de qué ocurriría si decido vivir y dirigir mi proyecto (como persona física) desde un país en el que se tribute por la residencia, pagaría (al margen del coste de la vida del país elegido) entre un 10 por ciento y un 47 por ciento.

2. Tributación territorial

En contraposición al anterior sistema fiscal, éste consiste en que sólo se gravarán con impuestos los ingresos generados dentro del país, quedando exentos todos los ingresos provenientes del extranjero. Es decir, que si me residenciase fiscalmente en un país con sistema de tributación territorial (A) y fuese socio de una sociedad extranjera de mi propiedad radicada en (B) y recibiese en (A) dividendos y salarios de (B), no tributaría en (A) por ninguno de los ingresos recibidos (provenientes del extranjero).

E imagino que te estás preguntando: «¿Y cuánto tributaría en ese caso la sociedad radicada en (B)?». ¡Paciencia! Como he comentado al inicio del capítulo, aquí estoy explicando qué ocurre desde el punto de vista de una persona física (en el siguiente capítulo veremos todo lo relativo a la tributación de sociedades).

Los países con tributación territorial son los más atractivos para emprendedores que no estén atados a ningún lugar (o dispuestos a «desatarse»), ya que, al quedar exentos todos los ingresos provenientes del exterior, si residiese fiscalmente en uno de esos países, mi tributación como persona física sería cercana a cero.

Hay países con tributación territorial para personas físicas, para sociedades e incluso para ambos casos a la vez.

En el mundo hay sobre cuarenta países con tributación territorial para personas físicas, como por ejemplo: Filipinas, Paraguay, Panamá, Namibia, Georgia, Belice, Gibraltar, Singapur, Costa Rica, Nicaragua, Macao, Hong Kong y Malasia.

Parecen muchos pero es realmente sencillo hacer una criba hasta encontrar el que realmente encaje con mi manera de pensar y de vivir.

3. Sistema *non dom* (no domiciliado)
Es un sistema mixto de inspiración anglosajona que se da fundamentalmente en el Reino Unido y sus antiguas colonias, donde los ciudadanos nativos tributan mediante el sistema de residencia mientras los extranjeros pueden acogerse a las ventajas *non dom*, que básicamente es una tributación territorial pero aplicándose la llamada «cláusula de transferencia», por la que los ingresos generados en el extranjero sólo estarán libres de impuestos siempre que no se introduzcan dentro del país en cuestión. El sistema *non dom* proviene del derecho inglés, que diferencia entre «domicilio» (país en el que pasas la mayor parte de tu vida) y «residencia» (país en el que eres residente en algún momento concreto).

En la práctica no podré evitar la entrada de dinero, ya que tendré que pagar el alquiler y los Seguros Sociales, además, si no introdujese cantidad alguna no podría demostrar de forma creíble que estoy viviendo allí. De todas formas los impuestos se mantienen en unos rangos «asumibles».

Aunque me pregunto: «¿Hay alguien en su sano juicio, con todas las opciones y combinaciones que vamos a ver, que quiera vivir en un lugar tan lúgubre y "oscuro" como es el Reino Unido?». Yo, que estoy un poco «loco»: ¡No tengo el menor interés! Aunque para gustos los colores.

Dado que este tipo de tributación está pensado para los extranjeros, la mayoría de los países que lo usan están abiertos a la inmigración. Las sencillas condiciones de entrada de los ciudadanos de la UE a, por ejemplo, Malta, Irlanda o Reino Unido hacen de estos países un «goloso pastel» para todo aquel que esté interesado en evitar rápidamente y sin grandes complicaciones el pago de impuestos, sin tener que sacrificar su «calidad de vida» por ello.

En comparación con los países de tributación territorial, hemos de tener en cuenta que en los países con sistema *non dom* siempre tendremos que pagar Seguros Sociales y se tendrá menor flexibilidad, ya que a menudo es obligatorio pasar al menos medio año para mantener el estatus (aunque en Malta y Chipre se tomen este aspecto con mayor laxitud).

Ejemplo de países *non dom*: Malta, Reino Unido, Estonia, Portugal, Irlanda, Barbados, Mauricio y Tailandia.

4. Sistema sin impuestos directos

Independientemente de los tres sistemas mencionados, también existen países que no imponen ningún impuesto directo a sus habitantes. No obstante estos países, que en general son pequeños, insulares, monarquías ricas en petróleo o centros financieros *offshore,* suelen poner muy difícil a los inmigrantes instalarse en ellos. En estos lugares, y en la mayoría de los casos, no existen impuestos sobre la renta ni sobre las ganancias patrimoniales y sólo tienen impuestos de sociedades muy limitados. En Bahamas, Islas Caimán, Mónaco, Anguila, Brunéi, Catar o los Emiratos Árabes Unidos se puede vivir libre de impuestos. En cualquier caso no hay que olvidar que la ausencia de impuestos directos no significa que no haya ningún impuesto en absoluto, a menudo existe el impuesto al valor añadido (IVA) y en muchos casos aranceles de importación muy elevados que disparan considerablemente el coste de la vida. Y aunque la calidad de vida suele ser alta, las diferencias culturales con los países islámicos ricos en petróleo, o bien el tamaño pequeño de los Estados insulares, son factores que muchas veces disuaden de decidir instalarse allí de forma duradera.

En mi opinión sólo se puede considerar de forma realista el emigrar a países como Mónaco, Bahamas, Baréin o los Emiratos Árabes Unidos, siempre que gane mucho dinero y me guste vivir en esos entornos «un poco» extremos.

Ya he comentado que es importante tener en cuenta la existencia de leyes tributarias internacionales en los países candidatos, ya que es perfectamente posible tributar en un país con un bajo tipo impositivo y a la vez gestionar sin complicaciones una empresa libre de impuestos.

Sin embargo, muchos países con tributación por residencia (sobre todo países con alta carga fiscal) han promulgado leyes tributarias internacionales con el fin de evitar esta posibilidad de elusión (por ejemplo: España y muchos países europeos).

Y entonces, ¿cuál es el mejor sistema fiscal en el mundo para una persona física?

No es una respuesta sencilla ya que dependerá de cada caso y de las preferencias de la persona. Pero prometo «mojarme» al terminar el capítulo «Ganando dinero mientras duermo».

Para los emprendedores y trabajadores autónomos que no estemos atados a ningún lugar, las posibilidades son muchas e interesantes pero siempre teniendo en cuenta que, independientemente del sistema de tributación del país donde decida residenciarme fiscalmente, debería escogerlo sin leyes tributarias internacionales que me permitan gestionar sin complicaciones una sociedad libre de impuestos. Es obvio que, si quiero vivir libre de impuestos y con una buena calidad de vida, alguna concesión tendré que hacer y, obviamente, cada combinación tiene sus peculiaridades. Pero paciencia y tranquilidad: ¡Hay soluciones para todos!

Al final tendré que decidir dónde quiero vivir, si será el mismo país donde me residencie fiscalmente o si sólo lo voy a usar como lugar que me aporte seguridad legal y otras ventajas colaterales.

Y como he dicho anteriormente, lo más importante no es el sistema fiscal ni el tipo impositivo, sino el equilibrio entre la calidad y el coste de la vida, la seguridad, la gastronomía, la sanidad, el clima, las condiciones de inmigración y los impuestos, ya que si la vida en ese lugar no me resulta cómoda, de poco me servirá tener un sistema tributario ventajoso.

Para animar un poco a la audiencia, quisiera decir que hay varias combinaciones casi perfectas. Otra cosa diferente es que haya algún «rarito» que quiera «mojar sopas y sorber a la vez» que, como todo el mundo debiera saber, es imposible.

3. ¿Dónde me residenciaría fiscalmente?

Teniendo en cuenta que de momento estamos valorando solamente la situación desde el punto de vista de la persona física, lo mejor sería residenciarme fiscalmente en un país con un sistema territorial o de residencia con baja tributación.

Ejemplos.

1. Si me residenciase fiscalmente en Georgia (sistema de tributación territorial para personas físicas) y todos mis ingresos proviniesen del extranjero y dependiendo de qué tipo de ingresos, no pagaría casi nada. Además, es un país seguro, con un bajo coste de vida, precios de saldo, gente muy hospitalaria y del que estoy «enamorado».
2. Sin embargo, para el mismo caso, si me residenciase en un país con sistema de tributación por residencia, estaría obligado a pagar: un 10 por ciento en Bulgaria, entre el 9 por ciento-13 por ciento en Montenegro, el 15 por ciento en Lituania, el 19 por ciento en Croacia y entre el 40 por ciento y el 47 por ciento en países como Francia, Italia, España o Noruega.

Y, visto lo visto...

4. ¿Desde dónde me «conviene» dirigir mi proyecto?

Sinceramente y con la información de la que dispongo ahora mismo, no dirigiría (como persona física) mi proyecto desde ninguno de ellos. Obviamente desde ninguno en el que se tribute por residencia, ya que no me satisface el «equilibrio» entre los tipos impositivos y la calidad de vida.

Si me pusiesen entre la espada y la pared, elegiría vivir

en Georgia un mínimo de 183 días para conseguir la residencia fiscal, facturaría desde allí (casi) todos mis ingresos externos y el resto del tiempo viviría donde me diese la gana, entre Italia, Malasia, Letonia y Tombuctú (que por si alguien no lo sabe, es una pequeña población de Mali).

Haciendo trampa de nuevo, y como sé que hay combinaciones claramente más eficientes e interesantes, me emplazo de nuevo al final del capítulo «Ganando dinero mientras duermo» para desvelar la estructura que yo realmente elegiría.

Espero que haya quedado claro que la decisión sobre dónde fijar la residencia fiscal del emprendedor es de suma importancia para minimizar el pago de impuestos sin hacer tonterías.

La mayoría de las estructuras que se crean para minimizar el pago de impuestos y se venden a emprendedores confiados tienen su talón de Aquiles precisamente en la elección de la residencia fiscal del emprendedor.

Ejemplo. Hoy en día hay muchas personas con residencia fiscal española que están constituyendo LLC en Estados Unidos, hecho que *per se* no es ni bueno ni malo. Es cierto que una sociedad de este tipo no tributa allí por ningún ingreso mundial siempre que se cumplan ciertos requisitos, sencillos de cumplir. Hasta aquí todo correcto. Los ingresos brutos que perciba la LLC americana (ingresos íntegros sin detracción alguna) serán imputados a los miembros en sus respectivos países de residencia fiscal y son ellos quienes tienen la responsabilidad de declarar y tributar. Es decir, que el hecho esencial de dicha estructura es saber cuál es la residencia fiscal de los miembros (que no socios) y se ve con meridiana claridad que un residente fiscal español, italiano o noruego (residentes todos ellos en países de alta tributación) tendrían la obligación de imputarse en la declaración de la renta de las personas físicas en sus respectivos países todos los ingresos brutos realizados por la LLC (se hayan repartido o no) y pagar sus impuestos correspondientes (todos ellos por encima del 40 por ciento).

Si, por ejemplo, el «miembro» de esa LLC americana estuviese residenciado fiscalmente en Georgia, al recibir los ingresos del extranjero, pudiere no pagar casi nada. Y si estuviese residenciado fiscalmente en Lituania, pagaría el 15 por ciento.

La combinación entre dónde me residencie fiscalmente con dónde cree la sociedad que me permitirá pagar los menos impuestos posibles para vivir en libertad y donde me dé la real gana es de suma importancia.

Y crear una LLC en Estados Unidos siendo residente fiscal en un país donde se tribute por residencia (por ejemplo, España) es arriesgado y una chapuza.

Por tanto, una idea que debe quedar clara es que para la creación de cualquier estructura fiscal con el objetivo de minimizar el pago de impuestos, es de vital importancia la elección de la residencia fiscal de los miembros o socios.

¿Puedo vivir en el mismo sitio en el que decida residenciarme fiscalmente?

Por poder, se puede. Pero, hacerlo o no hacerlo puede tener consecuencias diferentes, razón por la cual debo poner mucha atención al tomar la decisión.

Hagamos un pequeño juego y supongamos que ingreso 1.000.000 de euros en un ejercicio fiscal determinado.

- Caso 1. Vivo y estoy residenciado fiscalmente en un país de alta tributación por residencia (por ejemplo España). Tributaría entre un 40 por ciento y un 47 por ciento.
- Caso 2. Vivo y estoy residenciado fiscalmente en un país de baja tributación por residencia (por ejemplo Lituania). Tributaría al 15 por ciento.
- Caso 3. Vivo y estoy residenciado fiscalmente en Georgia (tributación territorial). No pagaría casi nada.

O sea, que sí. Por poder, sí, puedo vivir en el mismo país en el que estoy residenciado fiscalmente. Obviamente, con «desigual» resultado.

Me pongo en situación

En el presente capítulo he hablado de cómo serían las cosas en el supuesto (poco probable) de que decidiese dirigir mi proyecto como personas física.

En el capítulo 24, «Obtengo beneficios, pagando (pocos) impuestos», explicaré cómo sería dirigirlo a través de una sociedad y, al terminarlo, tendré una idea clara de todas las opciones de que dispongo para vivir, residenciarme fiscalmente, crear una sociedad y combinar todas ellas.

En el capítulo 25, «¿Dónde guardo el dinero para gastar?», explicaré dónde abrir las cuentas bancarias (personales y societarias), dónde «guardar» el dinero y desde dónde gastarlo.

En el capítulo 26, «Ganando dinero mientras duermo», explicaré cómo invertirlo, y al final será cuando tendré una visión global del funcionamiento de la estructura, desde el momento en el que la sociedad factura distribuye el dinero a los «miembros» (o socios), se gasta e invierte. Y también estaré preparado para contestar nuestras cuatro «famosas» preguntas:

1. ¿Dónde me apetece realmente vivir?
2. ¿Dónde viviría si quisiese pagar menos impuestos?
3. ¿Dónde me residenciaría fiscalmente
4. ¿Desde dónde me «conviene» dirigir mi negocio?

Ahora, y sin más dilación, me dispongo a adentrarme en la «espesura» del mundo de las sociedades, indispensables para facturar los ingresos que mis ideas generen y parte vital a la hora de pagar (legalmente) los menos impuestos posibles.

¿Has pensado alguna vez que se puede pagar (legalmente) impuestos cercanos a cero?

24

Obtengo beneficios, pagando (pocos) impuestos

Contra el vicio de pedir, la virtud está de no dar

Cualquier diseño fiscal internacional que se precie consta, como mínimo, de una persona física y una sociedad. Obviamente se puede complicar *ad infinitum* pero ya he dicho que amo la simplicidad.

Ahora que ya, más o menos, tengo claro dónde ubicar mi residencia fiscal, es hora de elegir mi «pareja de baile» perfecta (la sociedad) para terminar mi estructura fiscal internacional con el objetivo de pagar los menos impuestos posibles. Dentro de las innumerables opciones que existen, sólo voy a centrarme en aquellas que considero eficientes y con las que me siento cómodo.

¡Despejando, que es gerundio!

1. ¿Qué opciones tengo para crear mi sociedad?
2. ¿Cómo combino mi residencia fiscal con la sociedad a crear?
3. Recapitulando

¿Qué opciones tengo para crear mi sociedad?

En el mundo hay muchos tipos de sociedades pero sólo me voy a centrar en dos:

Las denominadas LLC (*partnership*) y las sociedades «territoriales», que aun siendo diferentes entre sí son muy parecidas y eficientes en lo esencial: radicadas en países estables no considerados paraísos fiscales, seguras física y jurídicamente, aparentemente respetables (cuestión de la que nunca se puede estar seguro), baratas, tanto en la constitución como en su mantenimiento anual y que no pagan impuestos por todos los ingresos provenientes del exterior.

¡Voy a ello!

1. LLC (Limited Liability Company)

Es un híbrido entre un autónomo (persona física que tributa directamente por las rentas imputadas de su trabajo, ingresos menos gastos) y una sociedad de responsabilidad limitada y que hoy en día constituye uno de los «vehículos» más eficientes que existen para un emprendedor que tenga como objetivo la minimización del pago de impuestos (o exención total), combinando una «buena» residencia fiscal personal con la creación de la citada LLC. Normalmente se constituyen en países de influencia anglosajona: Estados Unidos, Irlanda, Reino Unido o Malta, por ejemplo.

La LLC estadounidense está exenta del pago de impuestos en el país de constitución, siempre que sea considerada una *disregarded entity* (sin empleados ni oficinas en el país) y obtenga (generalmente) los ingresos fuera del país.

A diferencia de una sociedad mercantil (sociedad limitada u anónima) que está obligada al pago de impuestos en el país de constitución, una LLC (*partnership*) no tributa por ninguno de los ingresos mencionados.

La LLC (*partnership*) *se puede crear en muchos países, aunque yo sólo me voy a* referir a la estadounidense debido a que tiene una serie de ventajas realmente interesantes: radicada en un país de buena reputación con la que no tendré problemas a la hora de emitir facturas, sencilla de constituir, barata, eficiente, con poca burocracia, cero impuestos, de sencilla apertura de cuentas bancarias en cualquier lugar del mundo, interesante para la protección de activos, no demandan la obligatoriedad de crear sustrato empresarial concreto ya que tributan allí donde residen fiscalmente sus «miembros» y sin necesidad de tener que presentar tediosas contabilidades (salvo en contadas ocasiones).

Hago un pequeño ejemplo

Imaginemos que hace tres años, dos amigos (Alejandro y Borja), decidieron constituir una LLC en Estados Unidos (se puede constituir casi en cualquier estado), que es la que factura todos sus ingresos: Alejandro posee el 70 por ciento y está residenciado fiscalmente en España (donde recuerdo se tributa por residencia), y Borja posee el 30 por ciento y está residenciado en Georgia (donde se tributa por territorialidad).

Supongamos que durante 2023 la LLC ha facturado un millón de euros por el que no tendrá que pagar nada en Estados Unidos (sólo una pequeña tasa anual), pero sí imputar la citada cantidad (incluso aunque no se reparta el dinero y quede en la cuenta de la LLC, hecho que confunde a muchos novatos), a Alejandro en España y a Borja en Georgia. En este momento crucial quiero aclarar que incluso pudieran (tienen la posibilidad real y legal) imputarse los «beneficios», por el motivo que sea, en porcentajes diferentes a los citados, lo que puede dar lugar a variadas e interesantes «estrategias». Por ejemplo: Alejandro podría percibir el 20 por ciento en España (país de alta tributación) y Borja percibir el 80 por ciento en Georgia (donde casi no pagará nada). ¡Dejen volar su imaginación! Y adivinen qué diabluras se podrían hacer con este tipo de sociedad.

Volviendo a nuestro caso, ¿cuál sería el resultado «natural»?

En la realidad, Alejandro se «tendría» que imputar en España la cantidad de 700.000 euros por la que pagaría más o menos la nada despreciable cantidad de 329.000 euros de impuestos (47 por ciento) y Borja se imputaría en Georgia los restantes 300.000 euros que no tributarían apenas. Todo absolutamente legal.

Creo que no merece la pena ningún comentario más sobre la importancia de elegir correctamente, tanto el «vehículo» (en este caso la LLC) como el país donde finalmente decida ubicar mi residencia fiscal.

Nota: Que cada uno, cuando tenga un «ratillo», haga el cálculo sobre el caso «creativo» (y absolutamente legal) por el cual los amigos decidan imputar el 20 por ciento a Alejandro y el 80 por ciento a Borja.

¡Sigo!

Como se puede comprobar, la principal ventaja de una LLC es la no tributación *por los ingresos obtenidos y la imputación de las rentas en el país de la residencia fiscal de cada uno de los «miembros», que si está bien elegida y ¡«por Tutatis» que lo estará!, se puede reducir la carga fiscal, incluso hasta cero.*

Algunos países que podrían ser candidatos a mi residencia fiscal serían: Emiratos Árabes Unidos, Panamá, Belice, Malasia, Georgia y Costa Rica o algún país europeo en el que se tribute por residencia con un tipo impositivo bajo (Lituania, Croacia, Bulgaria, o Montenegro, por ejemplo), que me permita gestionar una LLC de manera segura jurídicamente y en el que pueda mantener una calidad de vida satisfactoria.

Durante décadas no se ha gravado a los no residentes por su uso, algo que creo que seguirá siendo así por mucho tiempo, ya que para Estados Unidos es una fuente de ingresos sencilla y constante de algo que nada tiene que ver con ellos.

Por todo lo comentado hasta aquí, las LLC (*partnership*) son una de las mejores opciones para una buena planificación fiscal a largo plazo de los ingresos generados por mis ideas.

2. *Sociedades territoriales*

Son aquellas que están constituidas en un país en el que todos los ingresos que provengan del exterior no tributan. Así de simple.

Países con posibilidad de constituir una sociedad territorial: Reino Unido, Estados Unidos, Panamá, Emiratos Árabes Unidos, Hong Kong, Georgia, Singapur o Gibraltar.

Ahora que ya conozco las diferentes posibilidades de residencias fiscales para personas físicas y los tipos de sociedades más eficientes, estoy más cerca de poder terminar mi estructura fiscal. Aunque todavía faltan algunos pequeños «detalles».

¿Cómo combino mi residencia fiscal con la sociedad a crear?

Expongo aquí una serie de opciones concretas sobre las que elegir, suponiendo un ingreso bruto de 1.000.000 de euros.

1. Persona física que decide vivir y residenciarse fiscalmente en un país de alta tributación por residencia (España, Francia, Italia, Noruega, Finlandia, Austria, Suecia) y facturar sus ingresos a nivel personal. Impuestos a pagar: 470.000 euros (47 por ciento).
2. Persona física que decide vivir y residenciarse fiscalmente en un país de baja tributación por residencia (Lituania, por ejemplo) y facturar sus ingresos a nivel personal. Impuestos a pagar 150.000 euros (15 por ciento).
3. Persona física que decide residenciarse fiscalmente en un país de tributación territorial (Georgia, por ejemplo) y facturar sus ingresos a nivel personal. Impuestos a pagar: podría ser, dependiendo del tipo de ingresos, una cantidad cercana a cero.

4. Persona física que decide vivir y residenciarse fiscalmente en Andorra, donde se tributa por residencia y en el que se requiere además crear una sociedad (con la que se facturarían los ingresos) y realizar una serie de inversiones en el país. Impuesto a pagar 100.000 euros (10 por ciento).
5. Persona física que decide vivir y residenciarse fiscalmente en un país de baja tributación por residencia (Bulgaria, por ejemplo), creando una LLC (*partnership*) o una sociedad territorial, mediante la cual facturaría los ingresos. Impuesto a pagar: 100.000 euros (10 por ciento).
6. Persona física que decide residenciarse fiscalmente en un país territorial (Georgia, Panamá, Costa Rica, por ejemplo), creando una LLC (*partnership*) o una sociedad territorial, mediante la cual facturaría los ingresos. Impuesto a pagar: cercano a cero.

Nota: si decido residenciarme en un país donde se tribute por «residencia», debo saber que tendré que permanecer un mínimo de 183 días durante cada ejercicio fiscal.

Recapitulando

Llegado a este punto, ya empiezo a vislumbrar «de qué va el juego»: tengo un objetivo claro y unas cuantas ideas con las que conseguirlo, estoy en pleno *transforming*, sé dónde quiero vivir, sé cómo hacer para «no vender y que me compren», sé que mis ideas generan ingresos e impuestos, sé dónde me voy a residenciar fiscalmente y crear mi sociedad que facture mis ingresos en cualquier lugar del mundo sin que me dé un ataque al corazón y sabré dentro de poco dónde abrir mis cuentas bancarias (personales y societarias) para gastar mi dinero libremente y realizar inversiones para «ganar dinero durmiendo».

Así que, aunque me falta alguna «cosilla», puedo congratularme de que sé mucho más de lo que sabía al empezar *El método REZIA®*.

¿Te apetece saber dónde abrir unas cuentas para guardar y gastar el dinero?

25

¿Dónde guardo el dinero para gastar?

Ha llegado el momento de abrir las cuentas bancarias (personales y societarias), cada una de ellas con su correspondiente tarjeta de débito, para gastar e invertir mi dinero.

Avancemos en la logística sobre dónde guardo mi dinero, cómo lo gasto y, si me apetece, dónde abro una cuenta especial para realizar inversiones personales, siempre fuera, tanto del país donde viva como del país donde esté residenciado fiscalmente.

Es decir, tendré varias cuentas: en países donde nunca viva (1 y 2), que quizás sólo pise el día que vaya a abrirlas y sólo si fuese necesario, un par de cuentas en el país donde esté residenciado fiscalmente (3A para gastos y 3B para inversiones en renta fija interna), la cuenta 4 (como «cabecera» para inversiones fuera de mi país de residencia fiscal) y la cuenta 5 en un bróker internacional que me permita hacer inversiones en cualquier producto financiero de cualquier lugar del mundo y que no esté ubicada en mi país de residencia fiscal.

Respecto a en qué países abrir las cuentas, las opciones son muchas y prometo «mojarme» dando mi opinión.

Mis cuentas personales

Ninguna en mi país de nacimiento, y mucho menos si por un casual, poco probable, hubiese decidido vivir en él una cantidad de días que se acerque peligrosamente al número 183.

¡Abramos varias cuentas!

Un ejemplo cualquiera.

Supongamos que estoy residenciado fiscalmente en Georgia (donde vivo 183 días al año, «más o menos») y el resto de los días los paso entre Bolonia (Italia), Viena (Austria) y la costa gaditana, también he decidido crear una LLC (*partnership*) en Nuevo México que será desde donde facture todos los ingresos generados por mis ideas. El «camino» sería el siguiente: los ingresos se realizarían a través de la sociedad, que llegado el momento oportuno, transferiría a una de mis cuentas la cantidad de beneficio que me correspondiese como «miembro», desde donde gastaría e invertiría.

¿Dónde abrir mis cuentas personales?

Cuentas 1 y 2

Las abriré en dos de los siguientes países de Europa (Lituania, Estonia, Portugal, Bélgica, Suecia o Irlanda), para realizar los gastos ordinarios cuando permanezca fuera de Georgia.

Cuenta 3

Sería una cuenta «multidivisa» abierta en Georgia.

(3A). *Cuenta en laris* (moneda local).

Para los gastos corrientes dentro de Georgia e inversiones en productos georgianos de renta fija de alta rentabilidad (plazo de vencimiento máximo de dos años).

(3B). *Cuenta en euros*

Que servirá para dos cosas: como «reserva» para el improbable caso de que fallasen las cuentas 1 y 2, y para que sea (junto a la cuenta 4) desde la que salga el dinero hacia la cuenta 5 (cuenta de bróker para realizar inversiones internacionales).

Cuenta 4

Una cuenta en Armenia (país que se encuentra «pegado» a Georgia) en euros, que hará un papel (casi) parecido a la 3B. Es decir, que las cuentas 3B y 4 (ambas en euros) serán las cuentas que actúen «como cabecera de inversión», desde donde el dinero «salga a» y «llegue de» la cuenta 5.

Cuenta 5 (cuenta de bróker)

Es desde donde se realizarán efectivamente las inversiones en mercados cotizados del mundo y que bien pudiere abrirse en IB (Interactive Brokers), uno de los mejores brókers para inversores profesionales que conozco.

Llegado este momento, y sabiendo que con el dinero sólo se puede hacer dos cosas (gastarlo o invertirlo), tengo la firme intención de invertir todo lo que no gaste y no dejarlo muerto de risa en una cuenta de un banco europeo que lo único que me produce son «las gracias», lo que resulta una soberana estupidez.

Para ganar dinero durmiendo, hay que invertirlo todo. ¡Todo!

—Ya. Te entiendo, pero ¿en qué?

—Paciencia. Todo a su debido tiempo. Lo veremos en el capítulo «Ganando dinero mientras duermo».

Nota importante

Para quien lo desconozca y sobre el ejemplo del que hablo, los bancos en Georgia y Armenia funcionan mejor que cualquier banco europeo y además son dos de los países (existen muchos otros) en los que se pueden realizar inversiones en renta fija (en las monedas locales) de alta rentabilidad (entre el 12 por ciento y el 15 por ciento).

En concreto en los últimos seis años, combinando la rentabilidad pura junto al tipo de cambio euro/lari, las inversiones han «arrojado» un bonito 14 por ciento neto en euros. Aquí me encuentro con un ejemplo más de que «suele» ser interesante buscar situaciones incómodas y desconocidas para triunfar.

Si decidiese asumir este esquema fiscal, sin duda probaría esta inversión con un porcentaje de mi patrimonio.

Las cuentas de mi sociedad

Abriría varias cuentas:

Cuenta 9

La abriría en Estados Unidos y serviría para pagar los gastos de primer establecimiento de la LLC, e ingresar la mayoría de lo que se facture en el devenir normal de la actividad.

Cuenta 18

Serviría para tres cosas:

1. Recibir de la cuenta 9 el dinero que se tendrá que transferir a los «miembros» para que tributen en los países donde estén residenciados fiscalmente.
2. Tener la opción de mover con rapidez, por la razón que fuere, el dinero de la cuenta 9 cuando ésta crezca (por ejemplo, por encima del millón de dólares).
3. Recibir el ingreso de alguna operación que se desee no facturar a través de la cuenta 9.

¿Dónde abrir la cuenta 18?
El único sitio donde no se me ocurriría abrirla sería en Georgia (país de mi residencia fiscal). ¿Por qué? Porque si así fuese, y en el momento de recibir en mi cuenta personal (3B) los beneficios provenientes de la cuenta 18 de la LLC

(abierta en Georgia), podría entenderse (creo que sin lugar a dudas), que el dinero proviene efectivamente de dentro del país, lo que rompería el beneficio fiscal que representa la «territorialidad» a la que me acojo y me obligaría a pagar por la cantidad recibida en mi cuenta 3B.

Dicho esto, la abriría en el Reino Unido, por ejemplo.

Cuenta 27

Una cuenta exactamente igual a la 18 (con las mismas funciones) pero en Panamá.

Nota: he prometido «mojarme» y lo estoy haciendo, pero, en el tema de apertura de cuentas personales y societarias hay muchas alternativas eficientes diferentes a las propuestas.

¿Cómo gasto mi dinero?

Para gastar ya tengo las cuentas personales junto con algunas indicaciones de uso al respecto. Y aunque sea adelantarme al temario, queda tan poco para que llegue el momento de explicarlo que, ¡qué más da!

Un porcentaje pequeño de lo que se genere en la LLC se quedará para posibles reinversiones y el resto se repartirá a mis cuentas personales para ser invertido, a través de «El Bucle», que no falta nada para saber en qué consiste. El objetivo es que el dinero que no me gaste esté en continuo movimiento, lejos de mis «garras» y trabajando para mí generando dinero *ad infinitum!*

Recapitulando

Llegados a este punto, siento que mi conocimiento ha crecido y que el diseño del proyecto se ha hecho más grande y poderoso.

Ahora ya sé varias cosas:

1. Dónde quiero vivir.
2. Las posibilidades que tengo para residenciarme fiscalmente. Quizás incluso ya haya tomado una decisión.
3. Dónde crearé mi LLC o mi sociedad «territorial».
4. Qué posibilidades tengo para abrir mis cuentas personales y societarias.
5. Cómo y desde dónde gastaré.

Y ahora, ¡a invertir!

26

Ganando dinero mientras duermo

Quien quiere ganar mucho dinero, sin asumir riesgo ni perder liquidez, es un inculto y un tonto del culo

«El Bucle» es un método de inversión que vengo desarrollando desde hace dos años y que consiste en «centrifugar» el dinero (invertirlo de forma continua y sin parar) con el objetivo de que crezca a un tipo de interés compuesto sin mover (casi) un dedo y que será la razón, y tema único, de mi próximo libro a publicar en primavera de 2025, que ya tiene título pero que mi editor me ha aconsejado no desvelar, cuestión de la que no sé si seré capaz pero prometo intentar.

Me dispongo a explicar «El Bucle» sucintamente, ya que éste no es el lugar ni el momento para hacerlo «ampliamente» y pido disculpas por ello, aunque creo que el «sucintamente» resultará suficiente, hasta que se explique «de la hostia» en el próximo libro.

Y antes de empezar quiero hacer un «pequeño» comentario de gran importancia por si alguien no se ha percatado de ello: Imagino que a estas alturas todos tenemos ya el conocimiento suficiente para «intuir» que si alguien obtuviese beneficios por medio de «El Bucle» teniendo resuelta su estructura fiscal, pudiere no tener que tributar absolutamente nada sobre ello. ¡Dicho queda!

¡Al lío!

En 2011 (cuando escribí *La simplicidad del primer millón*) me dedicaba al mundo de las inversiones en los mercados de Futuros del SP 500 de Chicago y en los de acciones cotizadas en Londres y Nueva York, era defensor a ultranza de mantenerme en liquidez para poder aprovechar así las oportunidades que el mercado «se dignase» a ofrecerme, mientras miraba atento y obnubilado las pantallas de los mercados. Hoy ya no hago nada de eso y pienso diametralmente diferente ya que he encontrado algo mejor.

Y, agotado de predicar en el desierto, sabiendo que «el dinero no existe» y esperando de todo corazón que ya sólo «queden en pie conmigo» aquellos que comulguen con mi idea, quiero comunicarles que un día me dije: «¿Y si creo un método de inversión para "ganar dinero durmiendo"?».

¡Y así empezó todo!

«El Bucle» se divide en tres áreas

1. Cash

Constituye el efectivo, más las anotaciones en cuenta y/o cualquier activo rápidamente convertible en dinero. Este dinero estaría en las cuentas: 1, 2, 3B (todas ellas en euros) y 3A (en laris).

2. Bonos

Aquí se obtendrán ganancias patrimoniales (punto 1) e intereses (punto 2), siendo ambas siempre inversiones de alta rentabilidad:

1. En bonos institucionales de países estables (no europeos) con una moneda segura, plazo de vencimiento máximo de dos años y que ofrezcan altos tipos de interés. El dinero estaría en las cuentas 3A (laris) y 4 (euros).
2. Préstamos a personas físicas y/o jurídicas (el dinero estaría en la cuenta 3B).

3. Variable

Apartado formado por inversiones de rendimiento variable y «posible» y en su mayoría tendrían la calificación fiscal de ganancias patrimoniales.

1. *Ingresos de proyectos propios*
   Provenientes de beneficios, o venta de acciones de REZIA®, Simpleks® y/o thestyle.is®.
2. *Ingresos de venta de tokens de empresas no cotizadas*
   Sobre las que tengo información fidedigna (son más de diez) y de las que no estoy autorizado a desvelar sus nombres. Sería parecido a vender criptomonedas.

3. *Ingresos de proyectos ajenos*
   Ya sea de financiación pura, venta de acciones o diseño de operaciones.
4. *Inversión en acciones cotizadas en mercados regulados (cuenta 5)*

Todos estos ingresos, salvo los del punto 4, se percibirían en las cuentas 3B y 4, que son además las encargadas de «centrifugar» el dinero y de mantener en equilibrio los porcentajes de la cantidad total de dinero asignados a cada área y que en breve explicaré.

Además, todas las inversiones que decida realizar deben tener una relación equilibrada entre rentabilidad, liquidez y riesgo, ya que la inversión rentable, líquida y segura, que muchos persiguen: ¡No existe!

A mí me gustan las inversiones de rentabilidad y liquidez alta y con «un poco» más de riesgo del que la mayoría está dispuesta a asumir.

Siendo consciente de que el riesgo está en el «quién» (es decir en mí) y que la vida se autodirige, una vez que haya decidido realizar una inversión concreta, me olvidaré completamente de ella. El entrar en una inversión es igual que el «momento de la compra» (donde se hace el beneficio) y por ello ya habré estudiado previamente la inversión desde todos los puntos de vista, me olvidaré, me relajaré y dejaré que la vida decida.

Aunque no lo creas, es una «experiencia de la hostia» que da fantásticos resultados.

«Centrifugando» el dinero

> La primera regla del mundo del dinero es no perder, la segunda ganar y la tercera, aplicar de nuevo la primera.
>
> WARREN BUFFET

Alguna normas simples para mis inversiones

1. El dinero, al margen de en qué cuentas se deposite, estará distribuido en los siguientes porcentajes: *cash* (10 por ciento), bonos (30 por ciento) y variable (60 por ciento), que serán ajustados los días 30 de junio y de diciembre para mantenerlos siempre equilibrados.
2. Las inversiones deben ser intensivas y continuas.
3. El producto de cualquier venta (capital más beneficio) se reinvertirá todo y siempre junto.
4. El dinero nuevo (venga de donde venga) se distribuirá entre las cuentas 3B y 4 («cabeceras» de inversión).
5. Cuando una inversión en «bonos» (ya sea de un préstamo, o de renta fija institucional) llegue a vencimiento, se reinvertirá íntegramente en el área «variable».
6. El dinero que forme parte de «variable» servirá de balanza para mantener siempre el equilibrio entre las áreas, pudiéndose destinar en algún momento concreto al grupo «bonos», en aras a mantener el equilibrio de los porcentajes.
7. Me interesan las ganancias patrimoniales y no los dividendos.

El objetivo es invertir continuamente, y sin parar, todo el dinero que llegue a mis manos para hacerlo crecer en un plazo determinado, dato que, junto a la edad, el objetivo, el dinero disponible y el plazo en el que se quiere conseguir una cantidad determinada, es necesario para desarrollar la estrategia para cada persona con la idea de permanecer en capitalización compuesta (en la que reconozco nunca creí hasta desarrollar «El Bucle») el mayor tiempo posible.

En mi caso el plazo para usarlo comenzó el 8 de marzo de 2023 y finalizará el 31 de diciembre de 2033 (si no me aburro antes).

Pasos a seguir cuando el dinero llegue a mis manos

Cuando el dinero entre en mi LLC (que no necesita reinversión para seguir funcionando) y se transfiera a mis cuentas (3B y 4), lo primero que haré es reservar el 5 por ciento de liquidez (suma de gastos que he decidido «perpetrar» en un año). El resto será asignado en los porcentajes mencionados a las áreas de «bonos» y «variable», con la idea de que empiece a «trabajar» a la mayor brevedad posible, ya que tener el dinero ocioso no tiene sentido y supone una pérdida estúpida.

Espero que el «sucintamente» haya resultado suficiente, de momento.

Recapitulando todo lo que ya sé

Como lo prometido es deuda y en el capítulo «El mejor lugar donde vivir» he garantizado que al término del presente capítulo tendríamos opciones reales para minimizar casi hasta cero el pago de impuestos que mis ideas hubiesen generado y que «me mojaría» dando mi opinión sobre cuál de las opciones elegiría. Ha llegado el momento y voy a cumplir mi promesa.

A estas alturas ya sé lo siguiente:

1. Dónde quiero vivir.
2. Dónde me residenciaré fiscalmente.
3. Dónde crearé mi sociedad a través de la cual facturar.
4. Dónde abriré mis cuentas personales y las de la sociedad.
5. Dónde y cómo gastaré mi dinero y cómo lo invertiré.
6. Cómo transcurre el flujo completo del dinero (desde que entra en la sociedad hasta que se invierte).

Ahora sí, ha llegado el momento de contestar a **las cuatro preguntas** planteadas en el capítulo «El mejor lugar donde vivir».

Es cierto que existen multitud de combinaciones posibles entre las que estaré obligado a elegir, pero yo tengo mis propias «perversiones».

¡Voy con mis respuestas!

1. *¿Dónde me apetece realmente vivir?*
   Me apetece vivir «a caballo» entre España, Austria e Italia.

2. *¿Dónde viviría si quisiese pagar menos impuestos?* Viviría entre los citados países, a los que obligatoriamente debo añadir Georgia, que me ayudará a minimizar mi carga fiscal.
3. *¿Dónde me residenciaría fiscalmente?* Durante el primer año alquilaría un piso en Tbilisi (Georgia) para vivir 183 días y conseguir el «estatus» de residente fiscal y el resto del tiempo lo distribuiría de la siguiente manera: un mes en Bolonia, cuatro meses en Viena y un mes de verano en la costa gaditana.
4. *¿Desde dónde me «conviene» dirigir mi proyecto?* Básicamente lo dirigiré siendo residente fiscal georgiano, «miembro» de una LLC creada en Estados Unidos que será el vehículo a través del que facturaré la mayoría de mis ingresos. Obviamente, como un proyecto lo «dirige» una persona, el mío lo dirigiré allá donde me encuentre, salvo cuando esté en Cádiz, momento en el que «me tiraré a la bartola» y me dedicaré a dar paseos por la playa, tomar un poco el sol, a las cañitas con «pescaíto» del bueno, relax, siesta y mantener horarios *nigerianos* (comer a las tres y media y cenar ni se sabe a qué hora). El mes de agosto en el que todo se para, el «menda» desde Cádiz no hará «ná de ná» y menos dirigir.

27

La empresa y el equipo

Nunca es personal. Sólo es un juego, y me gusta ganar

Una cosa que tengo muy clara es que quiero rodearme de individuos en los que confíe, que piensen como yo, me entiendan y sean «de los mejores». No los mejores.

La empresa

Tras haber experimentado con diferentes diseños de construcción de empresas, he llegado a la conclusión de que mi empresa quiero que sea:

Pequeña

La cantidad y la calidad (casi) nunca van de la mano. Prefiero lo pequeño, simple, manejable y de calidad, a lo grande, complejo e inmanejable.

Prefiero un grupo de los galos de Astérix a una centuria romana.

Pienso que la creatividad se cultiva y fluye mejor en grupos pequeños.

Eficiente y «plana»

Para reducir el tiempo que transcurre desde que se presenta un problema y su solución, y poder transformar una idea en acción lo más rápido posible.

Temporal

Como en la vida, todos los proyectos tienen un principio y un final, y para cada proyecto un equipo. Un proyecto empieza, se recorre el camino hasta el objetivo y termina. Soy un emprendedor y los que formen parte del proyecto tendrán que acostumbrarse a no tener un empleo (suelen pasar a ser socios rápidamente). Lo que no quiere decir que ciertos participantes sean parte de (casi) todos los equipos que forme, como así suele ser.

Los miembros de mis proyectos no hacen sólo una cosa, saben hacer varias.

Horizontal

La jerarquía vertical se basa en la premisa de que los inteligentes se encuentran arriba y los estúpidos abajo, y divide a la gente en el grupo de los que piensan y el grupo de los que se limitan a hacer. En mis proyectos nunca es así y no existe la jerarquía vertical. Aquí todos estamos al mismo nivel y el conocimiento y la capacidad de decisión están en todos los sitios de la empresa.

Visión 360 grados

Todos los sistemas realmente rápidos, como por ejemplo nuestro cerebro, tienen un diseño circular. Se basa en que cuando tenemos un ángulo de visión completo la capacidad de autoorganización aumenta de forma espectacular.

La circularidad tiene que ver con la democracia empresarial y con las empresas de gran intensidad y conocimiento, donde son los miembros quienes eligen a su líder, teniendo un lenguaje común que resulta esencial para poder funcionar sin jerarquías.

Abierta

Por desgracia, cambiar la estructura interna no es suficiente. Aunque la empresa tenga un enfoque más estrecho y superficial, necesitamos desarrollar habilidades para incorporarnos a una red de trabajo. Las redes y no las empresas son las nuevas unidades relevantes de análisis y acción. La cooperación con los clientes y competidores es clave, ya que en los negocios de hoy no es necesario que para que uno gane otro pierda.

El control no desaparecerá, simplemente será más indirecto y creará unas metas diferentes, difíciles de fijar y de conseguir. ¿Por qué? Por las limitaciones psicológicas que tenemos, que no nos dejan fijarnos metas ridículas e inalcanzables, que es precisamente lo que debemos hacer siempre. Si no, ¿cómo vamos a alcanzarlas? Si las imagino, las conseguiré. Si no las imagino, es imposible que las consiga. El objetivo tiene que parecer eso, ridículo e inalcanzable, para «tirar por la borda» de una vez por todas las limitaciones psicológicas. Si digo que no puedo, es seguro que no podré. Yo soy más de: «A que no hay cojones de alcanzar ese objetivo aparentemente ridículo e inalcanzable». Ya que, si yo, que soy el actor principal de la película, he marcado el objetivo, no puede ser ridículo y respecto a lo de inalcanzable: ¡Eso está por ver!

Por ello he marcado mi objetivo **«36M/2033»** porque parece ridículo e inalcanzable, razón por la cual lo conseguiremos.

El equipo

Dejo a «la banda» para el final, como hacía Bruce Springsteen cuando presentaba a su ya fallecido amigo del alma, Clarence Clemons: *the last but not the least*.

¿Quién me acompaña en el camino? El equipo «titular» de REZIA® y de todos sus proyectos está formado principalmente por tres personas: Eriz, Carolina y yo. Un equipo eficiente y «jugón».

¿Cómo encontrar los mejores compañeros de viaje?

Esto es lo que escribía yo en *La simplicidad del primer*

millón (2011): «Siempre he dicho que existen cuatro maneras de ganar dinero: trabajar por cuenta ajena, la especulación inmobiliaria, tener una idea y desarrollarla como proyecto y la especulación financiera, pero realmente creo que existen solamente dos que merezcan la pena, convertir tu idea en empresa y la especulación financiera».

Entonces me dedicaba a los futuros financieros y hoy a tener una idea y desarrollarla como proyecto, pero lo que no ha variado es que creo que son las dos maneras más eficientes de ganar dinero.

¿Cómo hago para formar el equipo?

1. Tengo una idea, la diseño en papel, hago unos números y decido qué y a quién necesito.
2. Nunca he participado en proyectos en los que estuviese en minoría accionarial.
3. Pienso en dónde crear la sociedad y ubicar al equipo. Si la sociedad se domicilia fuera de España las opciones son muchas.
4. Hago un presupuesto para el período en que pienso que el negocio debiera estar lanzado (máximo dos años). Si no funciona en ese plazo, cambio de proyecto y me recuerdo que sólo fracasa quien se para. Y yo no suelo pararme.
5. Pienso en quién confío, tiene aptitudes y conecta con mi forma de ser. En los actuales proyectos he tenido la inmensa suerte de encontrarme con Eriz en mi vida, es mi socio perfecto. Somos, salvando el físico, como dos gotas de agua. Confío plenamente en él y hay veces que cuando expone algo parece mi clon, y

viceversa. Es en esta área donde más he fallado en mi vida, y estoy feliz de que estemos juntos en estos proyectos.

6. Eriz se encarga de coordinar a todos los equipos técnicos subcontratados y logística general y yo me encargo de la estrategia, diseños, negociaciones y comunicación. Todo iba fluido hasta que las cosas comenzaron a sobrepasarnos y nos pusimos a buscar un asistente ejecutivo y, ¡zas!, apareció Carolina, una «máquina» que ha encajado a la perfección en nuestra forma de trabajar y con la que estamos encantados. Estoy convencido de que es el inicio de grandes cosas y que jugaremos, aprenderemos y nos divertiremos mucho juntos durante los próximos diez años. Todos en el mismo barco y remando hacia el mismo destino.

Siempre intento por todos los medios hacer algo que no haga mucha gente, y si no lo hace nadie, mejor que mejor.

Y el último en llegar ha sido Miquel, que es el responsable de las operaciones «al otro lado del charco».

Para emprender, vivir, «jugar» (es la manera que tengo de referirme a «follar»), organizar una cena o un viaje, siempre lo hago con personas con las que sintonice. En muchos momentos de mi vida no lo he hecho, me arrepiento y no volverá a ocurrir. El equipo del que formo parte es el mejor y estoy muy orgulloso de pertenecer a él.

Como he dicho, siempre que creo un proyecto y su correspondiente equipo, me marco un plazo límite máximo de dos años. Si no he sido capaz de ponerlo en marcha y hacerlo rentable, ¿por qué seguir usando mi dinero, tiempo y energía?

A fuerza de ser absolutamente sincero. ¡Nunca ha ocurrido!

«Toda batalla es ganada antes de ser librada», decía Sun Tzu.

¿Te apetecería ser un REZIA® «de la hostia»?

28

Soy un REZIA® silencioso

Nunca me digas qué tengo que hacer. ¡Nunca!

Sé que al empezar cada proyecto debo hacer un proceso de *transforming*, aprender las nuevas reglas de un juego, volver a mentalizarme de que la sociedad actual no mira con buenos ojos a un emprendedor tipo REZIA® y saber que encontraré múltiples obstáculos pero que nada me es imposible; sé que cuando lo consiga seré criticado y vilipendiado por envidiosos y poseedores de la mentalidad del funcionario, a quienes nunca daré acceso a mi persona.

Sé que en la sociedad hipócrita y «de rebaño» actual, donde la mayoría quiere conseguir un ingreso de «lo que sea», siempre que sea fijo y trabajando lo menos posible, está mal visto ser un individuo emprendedor, buen negociador, con una fantástica vis matemática, que quiere prosperar, tomar decisiones por sí mismo siendo dueño de su vida, transformándola en algo verdaderamente interesante, por lo que resulta imprescindible mantener un perfil bajo, que al principio parece antinatural pero con el tiempo termina siendo un «orgasmo» necesario y adictivo.

Soy un REZIA® de pies a cabeza, aprendo las reglas y siempre juego intensamente, no me inclino ante ninguna autoridad ni acepto ningún principio como artículo de fe, dudo de (casi) todo y niego los valores vigentes, uso la razón para reflexionar y expreso siempre la voluntad de querer conseguir algo. Soy una persona que se opone a cualquier tipo de estatismo, en cualquiera de sus dos acepciones: (1. Persona que se opone a cualquier tipo de Estado, poseedor del monopolio de la fuerza impuesta, innecesaria, peligrosa, autoritaria y nociva, y 2. Permanecer estático), no comulgo con el «cuento chino» de que si no se respetan las normas sociales impuestas será imposible mantener el orden social y la división del trabajo, salvo que los ciudadanos sean obligados a aprender los hábitos y habilidades que el sistema requiere, tampoco estoy de acuerdo con la «socialización» que hace del individuo una persona predecible a los premios y castigos, yendo contra el instinto natural económico de supervivencia.

Un REZIA® se opone a seguir las «sugerencias» del sistema sin cuestionarlas, ya que eso supondría automáticamente abandonar el control de su conciencia y convertirse en un «pelele» sin capacidad y en manos de otros.

Sé que soy ignorante por naturaleza, que tengo mucho que aprender y emprender, sé que vivo en una época de profunda estupidez (torpeza notable en comprender las cosas) y mediocridad consciente que muchas personas (sobre todo en canales de comunicación de internet) manifiestan abiertamente con sus hechos o diciendo simplemente que «el aprender» no les interesa, ya que no sirve para nada y no lo necesitan. Todo esto hace una sociedad esclava del sistema social y económico que explota la energía de la población para sus fines y en la que tengo que intentar desenvolverme sin pisar una mina antipersonas.

Bajo mi punto de vista, la solución es retirarse con sigilo de los «caramelos a la puerta del colegio» que me ofrece la sociedad y aprender a recompensarme con lo conseguido producto de mi intención, voluntad, tiempo, esfuerzo y acción.

A partir de ahora voy a seguir la brillante estrategia de los camareros de los restaurantes chinos: *observo, escucho, aprendo, digo a todo que sí y luego ya si eso, hago lo que me «salga».*

Un emprendedor REZIA® es rebelde, leal, culto, cocinero, disciplinado, líder, contracultural, creativo, *anarkbobo* (mezcla de anarquista, bohemio y «un poquito» burgués), flexible, autocrítico, adaptable, seguro de sí mismo, emocional, libre, feliz, minimalista, detallista, inteligente. Aboga por el desarrollo sostenible y el crecimiento inteligente, por la disminución de los impuestos y la menor intervención (o desaparición) del Estado, experto comprador, simple, *vintage*, transforma ideas en dinero, creativo, saludablemente ambicioso, nunca ostentoso, frugal, honrado, perseverante, limpio, rápido, puntual, intuitivo y eficiente. Considera a su cuerpo como un templo (desnudez y sexo), para vivir el momento en libertad y equilibrio convencido de que la individualidad del ser humano es lo más importante y que si me centro en «ser» mi vida adquirirá una riqueza impensable y, finalmente, podré ser libre. ¡En ésas estoy!

29

Mis reglas para relacionarme

> En la vida hay creadores y parásitos. Unos crean y otros se intentan apoderar del talento, tiempo y esfuerzo de los primeros.
>
> AYN RAND

Hace tiempo que no me preocupo si veo a algún parásito en mi camino, pero si me lo encuentro, con espetarle un «no me interesa» el asunto suele quedar resuelto en un nanosegundo. Todo lo que no sirve, ¡a la basura!

Dicen que soy la media de las cinco personas con las que más me relaciono en un determinado momento y cada cierto tiempo suelo hacer un ejercicio escrito en un papel para recordar quiénes fueron esas personas importantes en mi vida: hace diez años, hace cinco, hace tres, y quiénes lo son en la actualidad. La mayoría han pasado a mejor vida e imagino que yo y mi antiguo *modus operandi*, también. Hoy soy una persona «diferente».

Es vital cuidar con quién me relaciono porque no sé nunca dónde podría llevarme esa persona en el camino, pero hay que tener mucho cuidado con la elección para no malgastar el tiempo y que no succionen mi energía.

¡Sí! Relacionarme es importante pero no con cualquiera.

Normalmente no me suelo «mezclar» con personas que piensan diametralmente opuesto a mí (ya que para aprender hace falta interés y atención), nunca hablo de política, religión ni economía, aunque reconozco que últimamente estoy un poco «relajado» con este particular ya que me pone especialmente «cachondo» observar las caras del personal cuando digo la famosa frase de «el dinero no existe».

Teniendo en cuenta que el tiempo es limitado, hace más de veinte años que sigo unas sencillas reglas para mantenerme alejado de personas tóxicas.

Vaya por delante que yo siempre me aplico lo que exijo.

My «six pack»

1. Nunca me digas qué tengo que hacer.
2. No toques mis cosas (materiales e inmateriales).
3. Contesta a mis preguntas.
4. No opines sobre mis opiniones, salvo que te pregunte.
5. Vivo despacio. No alteres mi ritmo.
6. Juego impecable, e implacable, con mi vida.

La vida es muy corta para estar ocupado, y perder el tiempo con tontos, y sus tonterías, es una estupidez supina.

Ahora bien, la genialidad es tan escasa, que cuando aisladamente se me presenta tengo la obligación de rendirme ante ella y agradecer que se me conceda el don de disfrutarla.

¿Te gustaría tener como mentor a un millonario?

30

El mentor

¿Quién ha hecho lo que yo quiero? Iré a verle y conseguiré que sea mi mentor.

Frase pronunciada en voz alta por Aitor Zárate,
desnudo y delante de un espejo,
la segunda vez que se arruinó.

Objetivos del capítulo

Explicar las diferencias entre el *coaching*, el modelado y el *mentoring*, por si alguien pudiere estar interesado en el último concepto que le ayude a ser un individuo emprendedor REZIA®, o conseguir sus objetivos.

El *coaching*

Es un proceso orientado a conseguir resultados inmediatos sobre tareas que se pueden cumplir a corto plazo y que no necesitan de un programa complicado para llevarlas a cabo. El *coach* ayuda al cliente a encontrar sus respuestas pero sin transmitirle su experiencia. Es un proceso de acompañamiento creativo a través del cual un profesional capacitado acompaña a su cliente a conseguir el objetivo. El *coach* le induce a maximizar su potencial personal de un modo no directivo, es decir, que se parte de la presunción de que el cliente ya posee los recursos para lograr el objetivo y en caso de no disponer de ellos tiene la capacidad de desarrollarlos y descubrir por sí mismo cómo hacerlo.

El cliente es quien, a través del *coaching*, va tomando conciencia de cuál es su punto de partida y su objetivo. Mediante la conversación, el *coach* hace que surja el objetivo que el cliente desea alcanzar libremente tomando conciencia de los obstáculos y nuevas maneras para solventarlos. El *coaching* es un viaje hacia el interior, hacia la esencia para localizar cuáles son las verdaderas metas y la manera de alcanzarlas. Es un proceso individual en el que te escuchan y atienden y no tiene recetas genéricas.

El modelado

Es un tipo de aprendizaje basado en la imitación de la conducta de una persona que me sirve de modelo. Es un proceso que sucede de manera cotidiana y sirve para facilitar de modo consciente la modificación del comportamiento. Es algo parecido a la imitación pero con el objetivo de adquirir nuevos comportamientos y nuevas habilidades, e incluso inhibir o desinhibir conductas.

Normalmente existen cuatro procesos implicados que permiten que el comportamiento se adquiera y ejecute: la atención, la retención (ambas necesarias para la adquisición de la conducta), la reproducción y la motivación, a la hora de ejecutar.

La atención

Sólo aprendemos si somos capaces de prestar atención al comportamiento del modelo, lo que ocurre con más frecuencia cuando el modelo se parece a nosotros en su físico, a quien percibimos prestigioso o a quien obtiene mayores recompensas. La probabilidad de aprender por imitación depende de cada individuo, y es más fácil si la situación es incierta y de dificultad media.

La retención

Para poder imitar una conducta es necesario ser capaz de representarla en forma de imágenes o verbalmente, sin que el modelo esté presente. El interiorizar el comportamiento cognitivo del modelo es vital para la retención, así como poder mantener el aprendizaje asociándolo a otros previos y el parecido físico.

La reproducción

Es el proceso por el cual el aprendizaje se transforma en conducta. Primero se genera un equivalente al modelo, se inicia la conducta y se compara el resultado con el esquema mental. Finalmente se hacen los ajustes necesarios.

La motivación

El aprendizaje puede producirse sin imitación, ya que el que ésta se produzca dependerá del valor que la persona atribuya a la conducta adquirida. El proceso motivacional (tener un incentivo) es clave en la imitación.

El *mentoring*

> Nunca confío en quienes dicen haber encontrado la verdad, confío sólo en aquellos que siguen buscándola.

¿Qué es un mentor?

Es alguien que ya ha recorrido el camino y ha conseguido, ¡de verdad! (no de «boquilla»), todo lo que yo quiero conseguir. ¿Quién mejor para ayudarme?

Si quiero conseguir algo, encontrar un mentor es una de las opciones más rentables que puedo elegir, que me ahorrará dinero, tiempo y energía. En mi vida he tenido muchos mentores y, de vez en cuando, sigo acudiendo a ellos.

Todo gran emprendedor necesita, un «modelo», un *coach* o sobre todo un mentor. Alguien con quien empezar, en quien fijarse, a quien consultar, que me «meta caña» cuando nadie se atreve y que me devuelva al camino correcto cuando desvaríe, ¡porque sin duda lo haré!

¿Qué es el mentoring*?*

Es la manera más eficiente de conseguir una meta, y un programa que supone un acelerador de proyectos cuya misión es que el mentorizado deje de dar tumbos y comience a dar pasos concretos dirigidos hacia su objetivo.

Hay ejemplos de personas consagradas (Richard Branson, Mark Zuckerberg o Lebron James) que hicieron despegar sus proyectos gracias a la ayuda de un mentor. Es público y notorio que más de un 95 por ciento de los artistas y deportistas de élite han desarrollado su potencial con la ayuda de un mentor.

¿Qué beneficios me aporta el mentoring*?*

Incrementa mis conocimientos (con nuevas habilidades y herramientas para ser más productivo), amplía mi red de contactos de forma exponencial, me da una visión global y estratégica, ordena mis ideas y establece un plan para alcanzar el objetivo eficientemente, valora mi negocio y aporta ideas para hacerlo escalable, ahorra tiempo, dinero y energía, aporta estrategias para superar los obstáculos del camino, incrementa mi confianza y seguridad, me ayuda a tomar decisiones importantes, solventa mis dudas, me acompaña ante los desafíos haciendo que nunca más esté solo, detecta, da pautas, potencia mis habilidades naturales y me rodea de personas que me aporten valor y aceleren mis resultados.

Tener varios mentores es una de las experiencias que más han cambiado mi vida.

¿Tienes una idea y no tienes dinero?

31

¿Qué hago con una idea y sin dinero?

Tengo medios económicos suficientes para vivir sin problemas y siempre me ha parecido poco solidario dedicar mi inteligencia a ganar más dinero, cuando hay tanto infeliz que necesita un buen empleo

A mí me parece obvio qué hacer.

Debo ser capaz de encontrar a alguien que me escuche y conseguir que en menos de treinta segundos, y a la primera, comprenda de qué va mi idea y decida «poner», mediante la fórmula que acordemos, su dinero en mi proyecto. Así de sencillo.

Nota. Estaría encantado de ser la persona que te escuche durante treinta segundos... o cinco minutos.

32

Alegato final

> Las enseñanzas de los libros, o de nuestros padres, son cosas del pasado, hoy en día lo que prima es el engaño, el abuso, y como la mayoría de las leyes han sido dictadas por usureros, la única solución que les queda a los hombres de buena voluntad es utilizar la ilegalidad en beneficio de los desamparados.
>
> ALBERTO VÁZQUEZ FIGUEROA en *Codicia*

Tras este maravilloso viaje que hemos realizado juntos quiero confesarte que me siento realmente feliz de haber vuelto a la carretera, de ser útil, dueño de nuevo de mis errores, aciertos e ideas. ¡Como debe ser!

Espero que hayas disfrutado de las ideas aquí compartidas tanto como yo de la escritura en primera persona del singular, aunque ello me haya obligado a desnudarme completamente: ¡Ha resultado un ejercicio alucinante!

Una vez que he decidido regresar, y pase lo que pase, seguiré emprendiendo y ayudando a todos aquellos que quieran hacer lo mismo que yo, ya que no conozco otra manera más divertida de vivir. Con todos los nuevos proyectos iniciados, me dirijo a quien se sienta verdaderamente un individuo emprendedor y defienda el derecho del ser humano a vivir en libertad.

El individuo emprendedor

Siempre existe un hombre que se atreve a dar un primer paso e iniciar un camino sólo con su visión, luchando contra la mayoría a la que incomoda lo que este visionario haga para cambiar el mundo. Hoy en día hay más mediocres, «criticones» y conformistas que creadores.

El emprendedor, a pesar de los obstáculos, siempre seguirá adelante con la intención de triunfar. No actúa para complacer ni servir a nadie. Su idea es su meta y vive por y para sí mismo. Ésa es la naturaleza de la creatividad y del emprendimiento.

El individuo sobrevive gracias a su mente (atributo individual, nunca colectivo), piensa por sí mismo, sin admitir limitaciones y sin someterse a la necesidad, opinión o deseo ajeno.

El emprendedor es un individuo que se mantiene firme en sus convicciones, es independiente, produce y trata de igual a igual al resto de los seres humanos. Todos los grandes logros en la historia han surgido del trabajo independiente de mentes individuales, y todos los desastres de la humanidad de los intentos de someter a las personas, de impedirles pensar por sí mismas, de privarlas de sus derechos personales, sin voluntad, dignidad y haciéndoles perder toda su ambición personal.

El individuo para ser feliz debe ser libre, producir, prosperar, aprender, dar sentido a su valor personal, tener autorrespeto y nunca ceder o renunciar.

Soy un individuo REZIA® y me muevo por lo que creo con mi mente y no reconozco que nadie tenga derecho a un minuto de mi vida, ni de mi energía, ni a mis logros, sin importar quién lo reclame. Mis ideas, tiempo y trabajo me pertenecen y nadie tiene ningún derecho a «robármelos».

El emprendedor diseña haciendo posible sus deseos y nadie tiene ningún derecho a criticarlo, apropiárselo o destruirlo. Aunque, como he dicho antes, es inevitable, siempre habrá personas cuya única misión en la vida sea impedir que los individuos creadores compartan algo novedoso que «ellos» no son capaces ni de «rozar».

Aquí y hoy, hablo para quien se sienta individuo, emprendedor y defienda el derecho a vivir en libertad: ¡Ése es EL OBJETIVO!

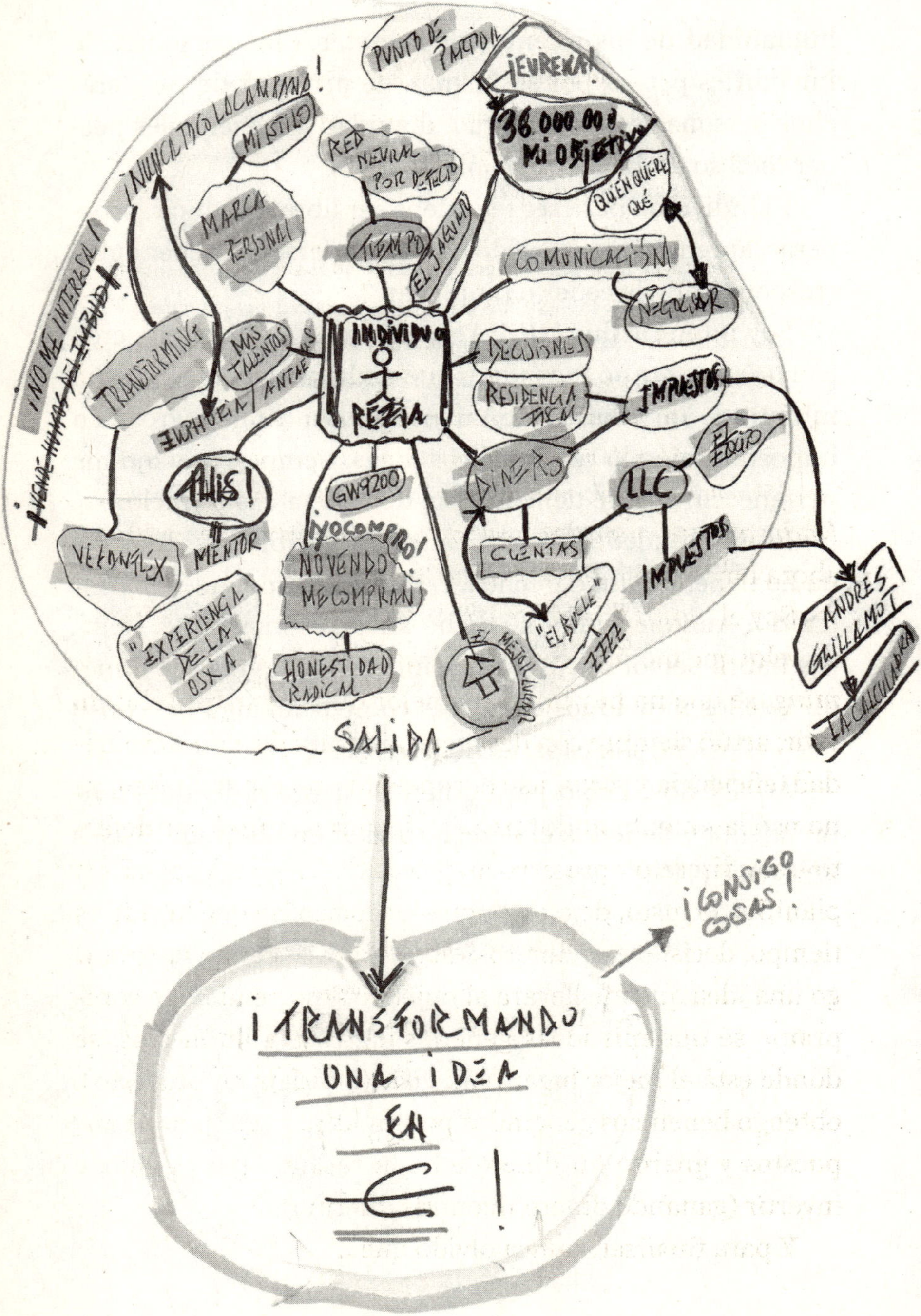
PUNTO DE PARTIDA
¡EUREKA!
36.000.000 MI OBJETIVO
QUIÉN QUIERE QUÉ
MI ESTILO
RED NEURAL POR DEFECTO
MARCA PERSONAL
TIEMPO
EL JAGUAR
COMUNICACIÓN
NEGOCIAR
INDIVIDUO REZIA
MIS TALENTOS
TRANSFORMING
DECISIONES
RESIDENCIA FISCAL
IMPUESTOS
DINERO
EL EQUIPO
LLC
CUENTAS
IMPUESTOS
"EL BUCLE" ZZZZ
ANDRÉS GUILLAMOT
LA CALCULADORA
¡THIS!
MENTOR
GW9200
¡YO COMPRO!
NO VENDO ME COMPRAN
HONESTIDAD RADICAL
EL MEJOR LUGAR
SALIDA
¡TRANSFORMANDO UNA IDEA EN €!
¡CONSIGO COSAS!

Nadie aprende a nadar leyendo un libro. Así que a partir de ahora hay que empezar a «mover el culo».

Soy el punto mismo de partida, tengo un claro objetivo y un reloj que me sirve de «anclaje», he entrenado el *transforming*, sé que no hay una vida mejor que la que he decidido vivir, actúo siempre con desapego al resultado, con simplicidad, eficiencia y *focus*, uso el concepto «no me interesa», ya no uso la «mente multitarea» y sí la «red neural por defecto», soy discreto y preservo mi privacidad, sigo el VeganFlex, planifico lo justo, dejo que «me» negocien, sé que la vida es tiempo, decisiones y dinero, «nunca toco la campana», tengo una idea que me llevará al objetivo, «no vendo, me compran», sé que mis ideas generan ingresos e impuestos, sé dónde está el mejor lugar para vivir (y dirigir mi proyecto), obtengo beneficios generados por mi idea, pago (pocos) impuestos y guardo mi dinero a buen recaudo para gastar e invertir (ganando dinero mientras duermo).

Y para finalizar, nunca olvido que...

El ser humano siempre hace lo que quiere, y si no lo hace, es que no lo quiere.

¡Seguimos en el camino!

Gracias por estar ahí.

PD. Si quieres contactarme, suscribirte al club THIS!, ser mentorizado, mejorar tu comunicación o negociación, o resolver cualquier problema relativo al emprendimiento, al dinero o al diseño fiscal, o proponerme algún proyecto, me puedes encontrar en <www.thestyle.is>.

Y, por supuesto, me gustaría saber qué reloj has decidido que te acompañe en tu camino.

Webs de nuestros proyectos

<www.rezia.capital>

<www.crack.global>

<www.planify.holiday>

<www.checkthefake.news>

<www.girodron.shop>

<www.brusy.shop>

Impreso en Black Print CPI
C/Torrebovera, s/n (esquina c/Sevilla), nave 1
08740 Sant Andreu de la Barca - Barcelona

Bélgica, Francia [illegible]
del Est [illegible]
parcialmente [illegible]
[illegible]
[illegible]
países [illegible]
los [illegible]
[illegible]

[illegible]
por [illegible]

Alta [illegible]
landia. [illegible]
con [illegible]

Hoy [illegible]
por ejemplo [illegible]
[illegible]
Rumanía [illegible]

Estos [illegible]
ahora la [illegible]
cuenta) entre [illegible]

Con esto [illegible]
agrícola [illegible]
fiscal) desde [illegible]
pagaba [illegible]
te un 50 por ciento [illegible]

2. Tributación [illegible]

En contraposición [illegible]
te en que [illegible]
generación [illegible]